日本の郷土料理帖

47都道府県の伝えたい味

大瀬由生子

河出書房新社

目次

近畿地方の郷土料理

中国地方の郷土料理

四国地方の郷土料理

九州地方・沖縄の郷土料理

はじめに

郷土料理には、その土地に暮らす人々ならではの生活感、南北に長い日本各地の地域性、食材を無駄にせず、最後まで美味しく食べる工夫などが感じられ、とても魅力的です。

また、郷土料理が生まれた背景には、必ずその土地ならではの物語があり、人のぬくもりも感じられます。そして、旅好きの私がその土地で出会った料理を再び食するとき、旅の記憶がよみがえり、思い出も一緒に味わえます。

そんな奥深い郷土料理ですが、今回は私が旅で出会った料理を中心に、普段の暮らしでも作りやすいものを紹介しました。本来は、その土地特産の食材を使うべきメニューもありますが、手に入りやすい食材で代用したり、昔ながらの作り方を現代の暮らしに合わせて変えたりと、少しアレンジもしています。

皆さんの故郷の味や旅の思い出も、この本で共有できたら嬉しいです。

郷土料理の魅力

南北に長い日本は、気候や風土が大きく異なるため、地域独特の食材、歴史、文化などに育まれた、個性豊かな郷土料理が数多くあります。

その地域特有の食材を使い、風土に適した調理方法で作られた料理は、長い年月を経て、ふるさとの味として受け継がれてきました。さらに郷土料理には、いかに長く保存し、美味しく健康的に食べられるかの知恵と工夫が詰まっており、そこには人のぬくもりや物語があります。

郷土料理から、その土地の旬の食材や産地の特性を知ることもできますし、地域に伝わる行事食や食文化も学べます。さらには自然や食の安全を守るにはどうすればよいのかを考えるきっかけにもなります。それは子どもの食育にも役立つでしょう。実際に郷土料理を作って、家族や友人たちと食べることで、コミュニケーションを楽しみながら、消えゆく日本の伝統を守ることにもつながります。

地域による郷土料理の特徴

地形の違いによる「食材」と「調理法」

海に囲まれ、山地が国土面積の約70％を占める日本では、海沿いと山沿いの地域で、とれる食材が異なり、料理にも違いが見られます。

海沿いの地域では、新鮮な魚介類を生で食べる料理が豊富にあります。大量にとれたときには、干物にしたり、漬けるなど、日持ちのする保存食にして、長期間食べられるよう工夫をしています。

山沿いの地域では、山でとれる野菜やきのこ、川魚などを使った料理が多く見られます。猪や鹿などを使った料理もあり、その肉や魚の独特の臭みを消す方法を考えて調理されてきました。

また、大量にとれた食材や海産物は、気候や風土を活かした発酵食品に加工することで、食べ物が不足するときにも、栄養をきちんと摂取しながら、美味しく食べていました。

人から人へと伝え続けられてきた郷土料理には、守っていきたい食文化が詰まっているのです。

気温の違いによる「食材」と「調理法」

寒い地域では、食物が収穫できない冬に備え、大根や人参などの野菜を地中に埋めて保存していました。また、食料を長い期間食べられるように漬物にしたり、魚などは干物にして料理に使うなど、寒冷地ならではの食べ方を考えてきました。

標高の高い山地では、鍋物や汁物といった料理で体を温め、寒い時期を乗り越えていました。

暑さが厳しい地域では、台風などの影響で農作物が不足することもありました。栽培できる野菜も限られていたので、例えば沖縄では、パパイヤをフルーツとして熟すのを待たず、まだ青いうちに収穫し、果物ではなく野菜として食べるなど、様々な工夫をしてきました。

気温や湿度が高い地域では、暑い中、火の使用を短くするために、さっと作れる炒め物が多いのも特徴です。また食欲が落ちる夏には、喉ごしのいい料理や冷たくてさっぱりした料理や、夏バテしない料理が食べられてきました。

その土地それぞれの食材を生かした郷土料理からは、昔の人々の日々の暮らしが見えてきます。その暮らし方の中には、現代にも活かしてほしい知恵がたくさんあります。

この本の使い方

◎ 計量の単位は、大さじ 1 は 15ml、小さじ 1 は 5ml、1 カップは 200ml です。ただしお米は 180ml のカップをご使用ください。

◎ 電子レンジは 600W を使用、加熱時間はメーカーや機種によって異なりますので、様子をみて加減してください。

◎特に注釈のない調味料は、砂糖は上白糖、塩は食塩、醤油は濃い口しょうゆ、お酢は穀物酢、みりんは本みりん、バターは有塩バターを使用しています。

◎調味料類は種類によって塩分濃度や味が違うので、レシピを目安に味を調整してください。

◎フライパンや鍋は、サイズや素材により調理時間、水分蒸発量などが違うので調整してください。

◎保存する場合は、容器は煮沸消毒してください。

北海道・東北地方の郷土料理

●北海道・東北地方の郷土料理

北海道・東北地方は、海産物の宝庫。
北海道では、鮭、昆布、蟹、いくらなどの贅沢な食材を使った料理、
東北地方では、リアス海岸で獲れた魚で作った料理があります。
そして、寒い冬を乗り越えるために生み出された汁物、鍋物などの
温かい郷土料理もたくさんあります。米どころの地域では、
美味しい米を活かした料理、逆に米が収穫できない地域では、
そば粉や小麦粉で作った料理などが豊富です。
郷土料理は、気候や地形を活かした料理なのです。

北海道

赤飯《せきはん》

全国でもハレの日に欠かせない「お赤飯」。普通はもち米に小豆をいれて蒸しますが、北海道ではなんと甘納豆を入れて作ります。もち米とうるち米を混ぜて食紅でほんのり色をつけて炊き、炊き上がった赤飯に甘納豆を混ぜるのです。

甘納豆の「赤飯」は、昭和20年代後半ごろ「手間のかかる小豆の赤飯を作るのは大変だけど、子どもたちが喜ぶものを食べさせてあげたい」という想いから生まれたメニューだそうです。

旭川を案内してくれた友人が「甘いお赤飯は、母の味」と言っていたのを思い出し、甘く優しい気持ちになりました。

このレシピは、アシスタントカメラマンの松川さんのおばあちゃんのレシピです。

材料（4人分）

うるち米	1.5 カップ
もち米	1.5 カップ
水	650ml
甘納豆	100g
塩	小さじ 1/4
紅生姜	お好みで添えて
黒胡麻	適宜
塩	適宜
食紅	少々

作り方

① うるち米、もち米は混ぜて洗い、30 分くらい水（分量外）につけてから水切りをする。
② 甘納豆は周りについている砂糖を軽く洗って水切りをする。
③ 食紅は少量の水で溶かしておく。
④ ①を炊飯器の内釜に入れ 3 合の水加減にし、水に溶かした食紅と塩を加えたら炊飯する。
⑤ 蒸らすときに甘納豆を入れる。
⑥ 赤飯を器に盛り、黒胡麻、塩をふる。

石狩鍋《いしかりなべ》

「石狩鍋」の「石狩」とは北海道の道央部にある、石狩平野、石狩川、石狩市などの地域。この地は、鮭漁が盛んで、その漁師さんのまかない料理が石狩鍋でした。

獲れた鮭のぶつ切りを味噌汁の中に入れた豪快な汁物でしたが、北海道でよく穫れるじゃがいも、とうもろこし、鮭などや、バター、牛乳などが具に加わり、豊かな自然の大地北海道にふさわしい郷土料理になりました。

材料（4人分）

生鮭……………… 4切れ
じゃがいも…………… 2個
白菜……………… 1/4株
長ねぎ……………… 1本
しめじ……………… 1袋
とうもろこし………… 1本
アスパラガス………… 4本
【つゆ】
出汁…………… 1200ml
味噌……………… 120g
牛乳……………… 400ml
バター…………… 大さじ4

作り方

① 生鮭は一口大に切る。じゃがいもは丸のままかために茹でてから皮をむき、4つに切る。とうもろこしはかために茹でて8つ輪切りに切る。アスパラガスは茹でて半分に切る。
② 白菜はざく切り、長ねぎは斜め切りにする。しめじは根元を切り落としほぐす。
③ 鍋に出汁と味噌を入れ味噌をよく溶かす。牛乳を入れてひと混ぜし、ぐつぐつしてきたら、具を入れて煮る。最後にバターを入れる。

いくら醤油漬け

北海道の家庭の贅沢な常備菜のひとつ。
筋子《すじこ》から卵巣膜を外して、卵をバラバラにした状態がいくらです。いくらの語源は、ロシア語からきたものだそうです。

材料（約350g分）

生筋子・・・・・・・・・・・・・ 300g
酒・醤油・みりん
・・・・・・・・・・・・・・・・各大さじ2
【塩水】
塩・・・・・・・・・・・・・・・・・・ 3g
水・・・・・・・・・・・・・・・・・100ml

作り方

① 生筋子は50°Cくらいのぬるま湯に浸してほぐす。 水を取り替えながら薄皮をきれいに取り除く。
② ボウルに塩水を入れ、①を加えて混ぜて洗い、ザルにあげて水けをきる。
③ 鍋に酒を入れ火にかけ、煮立ったら醤油を加え、再び煮立ったら火を止めて冷ます。
④ 消毒した保存瓶に②を入れ③を注いで漬ける。

松前漬け

江戸時代、北海道南西部の渡《お》島《しま》半島にあった松前藩で誕生したといわれる料理。名前もそこから由来しています。
松前の地で豊富にとれたスルメイカ・昆布・数の子を調味液に漬けたもので、お正月のおせちによく使われるのは、その材料がどれも縁起のよい食材だからです。
もともとは塩漬けで作られていましたが、現在は醤油ベースの味つけが主流となっています。

材料（4人分）

がごめ昆布細切り
・・・・・・・・・・・・20g
するめ細切り・・・・・・・・20g
水・・・・・・・・・・・・・ 大さじ3
人参・・・・・・・・・・・・・・・50g
数の子（塩抜き）・・・・・・2本
【A】
酒・・・・・・・・・・・・・大さじ1
みりん・・・・・・・・・・大さじ1
砂糖・・・・・・・・・小さじ1/2
醤油・・・・・・・・・・・大さじ1

作り方

① 人参は皮をむいて千切りにする。
② 保存容器に昆布、するめを入れ、水を加え、混ぜる。
③ 耐熱容器にAを入れ、電子レンジ600wで20秒加熱する。
④ ②に①の人参、小さく割った数の子を入れて③を注ぎ、よく混ぜ合わせて2時間以上漬ける。

青森県 イカメンチ

青森県は日本有数のイカ王国。ここで獲れたイカの「ゲソ」をミンチにして野菜とともに油で揚げたイカメンチは、終戦直後の食糧難を乗り越える工夫として誕生したそうです。

郷土料理には、その土地ならではの食材を使うだけではなく、食べ物を大事にいただくという気持ちがこめられていますね。イカの旨味や食感に野菜の甘みも加わった、おつまみにもなる一品です。

材料（5個）

イカ……………1杯(150g)
キャベツ………… 1枚(30g)
玉ねぎ……………… 1/4個
揚げ油………………適量
しし唐辛子……………5本
【A】
塩……………… 小さじ1/4
醤油…………… 小さじ1/2
胡椒…………………少々

小麦粉………… 大さじ2～3

作り方

① イカは胴と足を外し、内臓をとって下ごしらえする。胴をいくつかに刻んでからフードプロセッサーにかける。足は包丁でたたき、みじん切りにする。
② キャベツは大きめのみじん切り。玉ねぎはみじん切りにする。
③ ボウルに①と②、Aを入れ混ぜる。
＊ゆるければ小麦粉を足してかたさを調節する。
④ 5等分し、手に油（分量外）をつけて形作る。
⑤ しし唐辛子を揚げる。次に④を揚げる。表面がきつね色になり、カリッとしてくればOK。
＊本来はイカの足だけで作る料理ですが、みじん切りの人参を入れてもよいです。

秋田県

いぶりがっこクリームチーズ

秋田県の代表的な郷土料理、燻製《くんせい》干しのたくあん漬け「いぶりがっこ」。〈いぶり〉とは〈いぶした〉という意味で、〈がっこ〉とは秋田で〈漬物〉を意味する方言です。

秋田は、大根を天日干しにするには雨や雪が多く冷涼な気候のため、家の中の囲炉裏《いろり》の上に大根を吊るして乾燥させる方法が、古くからとられてきました。

囲炉裏の燃えさかる火の熱と煙によって、吊るされた大根は、水分を蒸発させ、かつ燻煙の香りを持つ独特の大根になりました。

これを、たくあんのように米ぬかと塩などに漬け込むと「いぶりがっこ」ができあがります。

今は、燻《いぶ》り小屋という専用の小屋で大量の大根を吊るし、ブナなどの広葉樹の薪を燃やして、4～5日燻して作ります。

豪雪地方の冬越しの食卓を支えてきた貴重な漬物。まさに知恵の産物です。

現在では、食材としての認知度が高まり、いぶりがっこを使用したレシピが広まっています。

今回は、友人の小野さんからいただいた美味しいいぶりがっこを使用した、ワインや日本酒のおつまみになる手軽なレシピをご紹介します。

材料（10個分）

いぶりがっこ・・・・・・・・ 7cm
クリームチーズ・・・・・・ 70g
大葉・・・・・・・・・・・・・・・・ 5枚
ピンクペッパー・・・・ 適宜

作り方

① いぶりがっこを7mm幅に切る。
② ①の上に半分に切った大葉、クリームチーズをのせる。
③ ②にピンクペッパーを飾る。

きりたんぽ鍋

「たんぽ」とは、炊いたご飯をすり鉢に入れてすりつぶし、杉の木の串に握りつけ、囲炉裏の火の周囲に突き刺して焼いたもの。

その姿が、がまの穂に似ているので「短穂」という名が付いたといわれています。

これを切って鍋に入れるので「きりたんぽ」と呼ばれるように。大館《おおだて》・鹿《か》角《づの》地方が発祥で、もともと山仕事をする木こりの食べ物だったそうです。

鍋は鶏ガラの出汁で、味は醤油か味噌。ごぼう・長ねぎ・せり・春菊・きのこなどが入った秋田を代表する郷土料理です。

若い友人の尚ちゃんが新入社員の頃、慣れない仕事に疲れて帰宅すると、秋田の実家から「きりたんぽ鍋」の材料が届いており、それを涙を流しながら食べたという話を聞きました。

故郷の味は、疲れた心を包み込む温かさがあるのですね。

ある年のお正月に友人の畑で、寒い日にフゥフゥ言いながら食べたアツアツのきりたんぽ鍋も美味しかったなぁ。

作り方

① ご飯に塩を加え、保存袋に入れ麺棒などで押しながら米粒をつぶす。
② 手のひらサイズに伸ばして、水につけた割り箸などの周りに①を巻きつけるようにして、外側をぎゅっと握って形を整え、割り箸をそっと抜く。
＊長くすると抜くときに折れやすいので、短めに作る。
③ オーブントースターかテフロン加工のフライパンで焦げ目がつくまで焼く。
④ 鶏肉は一口大に切る。ごぼうはささがきにして水（分量外）にさらす。まいたけとしめじは根元を切り落としほぐす。長ねぎは5㎝の斜め切り、春菊（またはせり）は5㎝の長さに切る。しらたきは茹でて食べやすい長さに切る。
⑤ 鍋に鶏ガラスープの素と水を入れ中火で煮る。
⑥ 鶏肉とごぼうを入れて再びアクを取りながら煮る。
⑦ 鶏肉が煮えたら、しらたき、まいたけとしめじを入れる。
⑧ ⑦に醤油、酒、みりんを加える。半分に切ったきりたんぽを入れ、長ねぎと春菊（またはせり）を加えて煮る。

材料（4人分）

ごはん……………………400g
塩……………………少々
鶏もも肉……………………1枚
ごぼう……………………1/2本
まいたけ……………………100g
しめじ……………………100g
長ねぎ……………………1/2本
春菊（またはせり）………1/2束
しらたき……………………1/2袋

薬味（七味唐辛子）

【つゆ】
鶏ガラスープの素…… 大さじ1/2
水……………………600ml
醤油……………………大さじ2
酒……………………大さじ2
みりん……………………大さじ1

岩手県

八杯汁《ぬっぺいじる》

葬祭や法事のときにいただく精進料理。「八杯豆腐」とも呼ばれています。

全国にこの料理は分布しており、日本人のソウルフードといってもよいかもしれません。地域によっては「のっぺい汁」とも呼ばれています。

あまりに美味しいのでたくさん（八杯）お代わりしてしまうからとか、一丁の豆腐で八人分作れるからという理由でこの名が付いたといわれています。

八杯汁に入れる豆腐は，細長く切るところに特徴があります。また、片栗粉ではなく、すりおろした長芋でとろみをつけるのも特徴です。

材料（2人分）

豆腐…………………1/4丁
長芋…………………80g
干し椎茸……………1枚
大根…………………40g
出汁…………………300ml
醤油……大さじ1/2〜2/3
塩………　小さじ1/4強
刻みのり……………少々
万能ねぎ……………少々

作り方

① 豆腐は5cmの拍子切りにする。干し椎茸は水100ml（分量外）でもどしたら、軸をとり、薄切りにする。大根は皮をむき、7㎜幅に切ったら、いちょう切りにする。万能ねぎは小口切りにする。
② 長芋はすりおろしたら、変色防止するために酢（分量外）を3〜4滴加えて混ぜておく。
③ 鍋に出汁を入れ、①の椎茸ともどし汁、大根を入れて煮る。
④ ③に醤油と塩を加える。そこに豆腐を入れてひと煮立ちさせる。
⑤ 熱いうちに椀に盛り、その上に②をおたまで一杯かけ、上にのりと小口切りにした万能ねぎをのせる。

山形県

玉こんにゃく

山形県のソウルフードである玉こんにゃく。なぜ山形県だけで球形のこんにゃくが愛されているのか不思議です。

山形にこんにゃくを広めたといわれているのが、山形市に平安時代から続く「宝珠山立石《ほうじゅさんりっしゃく》寺《じ》」、通称「山寺」として有名なお寺さんです。この寺を開山した円仁《えんにん》和尚がこんにゃくを中国から持ち帰り、この地に広めたという伝説があります。

「山寺」にある1015段の階段を上る前に「力こんにゃく」という玉こんにゃくを食べて力をつけます。父の故郷が山形なので「山寺」には何度か行きましたが、長い階段を上っていると疲れてきます。そんなとき力こんにゃくを食べておいてよかったと思うのでした。

材料（5本分）

玉こんにゃく‥‥‥‥‥‥‥‥‥‥‥ 10個
めんつゆ（2倍希釈）‥‥‥ 大さじ2
スルメイカ‥‥‥‥‥‥‥‥‥‥‥‥ 50g
水‥‥‥‥‥‥‥‥‥‥‥‥‥‥‥‥ 100ml
串‥‥‥‥‥‥‥‥‥‥‥‥‥‥‥‥ 5本
練りからし‥‥‥‥‥‥‥‥‥‥‥‥ 適量

作り方

① 鍋で玉こんにゃくを茹でてアク抜きをし、ザルにあげる。
② 鍋にめんつゆと水を入れ火にかけ沸騰したら①を加え、落とし蓋をして弱火で煮る。
③ ②が再び沸いてきたら、食べやすい大きさに切ったスルメイカを入れ弱火で煮る。
④ 火を止め、冷ましておく。
＊冷ますときにしっかり味が染みる。
⑤ こんにゃくを串に刺し、お好みで練りからしをつけて食べる。
＊スルメイカをおつまみのあたりめに替えて作ってもよい。

ばんけ味噌

「ばんけ」とは「ふきのとう」のことで、山形の方言。ふきのとうは、春に雪が消えた地面から芽を出します。日が経つと黄色の花をつけますが、そうなると苦味が強くまずいので、花の咲く前のやわらかな蕾《つぼみ》を摘み取り油と味噌などで炒めます。

この「ばんけ味噌」を食べるたびに亡き父の故郷山形を思い出し、春の訪れをかみしめます。

材料（約180g）

ふきのとう
‥‥ 8〜10個（80g前後）
サラダ油 ‥‥‥大さじ1
【A】
味噌‥‥‥‥‥‥‥大さじ4
みりん‥‥‥‥‥‥大さじ2
砂糖‥‥‥‥‥‥‥小さじ1

作り方

① ふきのとうは6〜7㎜幅くらいに切って細かくする。
＊切ったものは黒ずんでくるので水にさらす。
② ①をザルにあげて水けをきる。
③ フライパンにサラダ油をひき、②を入れ、木べらで混ぜながら火が通るまで1〜2分ほど炒める。
④ ③にAを加え、3〜4分かけて鍋底から木べらですくうように混ぜながら水分を軽く飛ばす。

笹《ささ》巻《ま》き

笹の葉でもち米を包み、熱湯で煮た「笹巻き」は、山形県では一般的な食べ物です。特に端午の節句に作られますので、「ちまき」の仲間と考えられます。

　ところが山形でも鶴岡市南部では、笹で巻いたもち米をアク水で煮る独特の作り方をします。鹿児島県の名物、竹皮にもち米を包みアク水で煮る「アク巻き」とよく似ています。

　アク水はナラやブナ、桜の木などを焼いてできた木《き》灰《ばい》を水に入れ火にかけ、沸騰させて、上澄み液をとって作ります。アク水の上澄みで煮るともち米に含まれるフラボノイド色素がアルカリで黄変し、米粒は軟化してプルンとした食感に変化するので、熱湯で煮る「笹巻き」とは違う風味となります（ここでは重曹で代用します）。

　また、笹の葉の巻き方にも地域性

があります。主流は笹の葉は三角巻きですが、最上《もがみ》地域では円すい型、置賜《おきたま》地域ではげんこつ型に巻かれます。

笹巻きを作れる人が高齢化しており、技術の伝承が途絶えてしまう危機を迎えていると聞きました。郷土料理という食文化は、一度途絶えしまったら取り戻せません。だからこそ残していかなければと思っています。

今回は親戚の久似子おばちゃんに教えてもらったレシピを紹介しています。父が鶴岡生まれなので、私にとっての「鶴岡の笹巻き」は、関東に住んでいながらも子どもの頃からよく食べたソウルフードです。

材料(15個分)

もち米……………3カップ
笹の葉………………30枚
結ぶいぐさ…………15本
重曹………………小さじ1
黒蜜・きな粉……お好みの量

作り方

① 笹の葉といぐさのひもをたっぷりのお湯で煮て冷めるまでおいておく。冷めたらザルにあげる。
② もち米は、半日ぐらい水につけておき、その後ザルにとり水をきる。
③ ②に重曹の半分をふりかけ、ザルをふりながら全体にまぶす。
④ 笹で器を作るように円錐形に形を作り、その中に7分目ぐらいの③を入れる。葉の余った部分は蓋をするように包む。
⑤ 別の笹1枚を裏にし、中心に④をおき折って三角に形作ったら、いぐさを三角の角に引っ掛けて、ほどけないように縛る。
⑥ ⑤を大きい鍋に入れたら、たっぷりの湯を注ぎ、そこに残りの重曹を入れ、強火で3～5時間煮る。
＊笹巻きが浸るぐらいの湯で煮る。途中で湯が減ったら水を足してもよい。
⑦ 火を止めて蓋をしたまま冷めるまでおいておく。
⑧ ⑦をザルにあげ、水けをきったら、冷蔵庫に入れてもち米を引き締め、もちっとさせる。
⑨ 笹から取り出し、黒蜜ときな粉をかけていただく。

宮城県

金華《きんか》さばの〆さば

宮城県金華山沖石巻港で獲れるさばは、金華さばと呼ばれるブランドさば。「幻のさば」とも言われています。生臭さが少なく、血合いの美しさと脂の乗りも絶妙です。

　そんな美味しいさばを、〆さばにしてみました。

材料（3～4人分）

さば‥‥‥‥‥‥‥‥‥‥‥‥‥ 1尾
＊鮮度の良いものを購入し、その日のうちに〆さばにしましょう。予防のため 24 時間冷凍してアニサキス（寄生虫）を死滅させてから作ってもOK。
砂糖‥‥‥‥‥‥‥‥‥‥‥‥ 大さじ 2
塩‥‥‥‥‥‥‥‥‥‥‥‥‥ 大さじ 2
酢‥‥‥‥‥ ひたひたにつかるくらい

作り方

① 頭を切り落とし、腹を切って内臓を取り出す。
② 内臓を取り出したら、腹にある血合いを包丁の先で中骨に沿って切り込みを入れ、流水の中で汚れとともに流す。
③ 水けをふき取り、3 枚におろす。
④ 砂糖をふりかけてなじませて、冷蔵庫に入れて 1 時間おく。
⑤ さばの砂糖をさっと洗い流し、水けをしっかりふき取る。
⑥ 次にさばの皮目を下にして置いて塩をふり、冷蔵庫に入れて 1 時間おく。
⑦ さばの塩をさっと洗い流し、水けをしっかりふき取る。
⑧ バットなどの容器に入れ、身全体がかくれる程度に酢を注ぎ、冷蔵庫に入れて 1 時間おく。
⑨ ⑧を取り出して水分を軽くふき取り、ラップで包んでマイナス 20°C以下の冷凍庫で 48 時間以上冷凍する。
　＊アニサキスは 24 時間以上冷凍することで死滅する。
⑩ 冷蔵庫で自然解凍した後、手で皮を剝《は》ぐ。食べやすい大きさに切って盛り付ける。

ずんだ餅

夏に出回る枝豆をさやごと茹で、さやから豆を取り出します。すり鉢ですりつぶし、砂糖を加えたものが「ずんだ」。それを餅にまぶして食べると「ずんだ餅」です。

ずんだ餅は、宮城県を代表する食べ物で、お盆などの行事でよく作られます。その際、さやから豆を取り出す作業に手間がかかるので、子どもたちも含め家族総出で作っていたようです。

シンプルな材料で作る緑色の鮮やかな餡《あん》が、夏の訪れを感じさせてくれますね。今回は、子どもたちと一緒に作れる白玉団子を用いたレシピを紹介しました。

材料（3～4人分）

【豆腐白玉】
白玉粉・・・・・・・・・・・・・・ 100g
絹ごし豆腐・・・・・・ 100~120g
【ずんだ餡】
枝豆(さやつき)・・・・・・ 200g
【A】
砂糖・・・・・・・・・・・・・・ 大さじ2
水・・・・・・・・・・・・・・・ 大さじ2
塩・・・・・・・・・・・・・・・・・・・少々

作り方

① 耐熱容器に A を入れ、電子レンジ 600W で 30 秒加熱し、砂糖を溶かす。
② 茹でた枝豆をさやから出し、薄皮を取り除いて、フードプロセッサーにかけ細かく刻む。
③ ②に冷ましておいた①を加えよく混ぜて、ずんだ餡を作る。
④ ボウルに白玉粉を入れ大きなかたまりをほぐし細かくする。そこに豆腐を少しずつ加え、白玉粉のかたまりをつぶしながら練り混ぜる。
＊耳たぶぐらいのかたさになるように豆腐を調整して加える。
⑤ ④を 15 ～ 16 等分にして丸め、中心を少しくぼませる
⑥ 熱湯に⑤を入れて中火で茹でる。浮いてきたらそのまま 1 ～ 2 分茹で、取り出して氷水にとる。
⑦ 水けをきって器に盛り、③のずんだ餡をかける。

「さんまのポーポー焼き」とは、新鮮なさんまのすり身を味噌と長ねぎ、生姜などと混ぜて、ハンバーグのように丸めて焼いたものです。福島県有数の漁港いわき発祥の郷土料理で、焼くときにさんまの脂が火に落ちて、ポーポーと炎が立つことから、この名が付いたそうです。

いわき在住の方に連れて行っていただいた店に「ポーポー焼き」があり、ポーポーという名前を聞いてクスッと笑ったことを思い出します。

いわき漁港は、秋にさんまが豊富に水揚げされているため、さんまを使った郷土料理もいろいろあります。その中でもよく食べられているのがこのポーポー焼きだそうです。

いわきの漁港には「いわきの魚プロジェクト」という仕事で、何度か訪れる機会がありました。その漁港が、東日本大震災で流され

福島県

さんまのポーポー焼き

たと知ったときには、出会った漁港のおじさんの笑顔が浮かび、涙が出ました。

　年月を経て今もなお「さんまのポーポー焼き」が食べられることを嬉しく思います。

材料（２人分）

さんま…………1匹（140g）
生姜……………………1/2片
長ねぎ…………………1/4本
油……………………………適量
【A】
片栗粉…………大さじ1/2
味噌……………大さじ1/2

作り方

① 長ねぎと生姜は細かいみじん切りにする。
② さんまは、3枚おろしにする。
③ まな板の上に②をのせて、包丁でたたく。
④ ③に、①とAを混ぜ、ハンバーグのように丸める。
⑤ フライパンに油をひき強火で両面に焼き、焼き色がついたら中火にして、中まで火が通るように焼く。

イカ人参

「イカ人参」は福島県の郷土料理。北海道の郷土料理「松前漬け」とよく似ています。どちらもするめ料理ですが、「松前漬け」には昆布と数の子が入るのに対し、イカ人参には入りません。でもこの二つの料理は、どこか似ており、つながりがあるようです。

人参とするめの歯ごたえと甘味だれが、ご飯のおかずだけでなく、酒の肴《さかな》としても合う一品。地元では、かき揚げや炊き込みご飯、スナック菓子にもなっている人気の郷土料理です。

材料（3～4人分）

するめ細切り（またはイカソーメン）
…………………………… 20g
人参………………………… 1本
【A】
醤油………………… 大さじ2
みりん……………… 大さじ2
輪切り赤唐辛子………… 1本分

作り方

① 人参は皮をむき、千切りにする。
② Aは鍋に入れてひと煮立ちさせアルコール分を飛ばす。
③ 保存袋に①とするめと粗熱をとった②を入れてよく混ぜ、常温に1時間おく。

関東地方の郷土料理

●関東地方の郷土料理

海に面した神奈川県、伊豆諸島や小笠原諸島を
有する東京都、千葉県などでは、新鮮な魚介類が豊富に獲れ、
そのような特産物を活かした料理が多くみられます。
一方、海のない群馬県や埼玉県では小麦粉を使った料理が多く
みられます。栃木県は海に面していないものの、河川が多く、
そこで獲れる川魚を使った料理が作られてきました。
茨城県では、大豆を発酵させた納豆など地域の特産品もあります。

茨城県

そぼろ納豆

茨城県水戸市あたりは、昔から小粒大豆が栽培されていました。この小粒大豆は納豆に向いていたので、水戸では、家でわらに煮豆を包んでよく納豆を作りました。明治になり、鉄道が開通すると、水戸の納豆はお土産品として販売され、水戸納豆の名が全国に知られるようになりました。

友人の浅沼さんに、そのきっかけになった「天狗納豆」さんに連れて行っていただき、直接、水戸納豆のお話を聞くことができました。

納豆を使った伝統食のなかでも、納豆と切り干し大根を合わせて、醤油などに漬け込んだ「そぼろ納豆」があります。茨城県では、大根も多く収穫されるため、各家庭で寒干し（切り干し）大根を保存食として作っていたということです。

この料理は、納豆に切り干し大根を混ぜただけではなく、醤油、みりんを加えて煮詰め、日もちをよくするという工夫がされた保存食。作る手順も簡単で、しかも栄養価が高いことから、今でも家庭で作られています。

材料（4人分）

納豆…………………… 2パック
切り干し大根……………… 30g
めんつゆ(2倍希釈) …… 大さじ1
小口切りの万能ねぎ………… 少々
刻みのり…………………… 少々

作り方

① 切り干し大根をさっと水洗いした後、水(分量外)でもどす。もどしたら水けを絞って食べやすい大きさに切る。
② 納豆を白い泡が出るまでかき混ぜ、①を加えて混ぜ合わせる。
③ めんつゆを入れて味をととのえる。器に盛り、万能ねぎと刻みのりをちらす。

福来《ふくれ》みかん入り七味唐辛子

茨城県桜川市真壁町にて、古来より栽培されてきたのが、福来みかん。直径3～4センチの手のひらにのるくらいの、小さなかわいいみかんです。10月下旬から12月上旬にしか手に入らないレアもの。皮が爽やかで香りがよいため、皮を干して、七味唐辛子にします。

茨城県の筑波山周辺では、温州みかんとともに福来みかんが栽培されています。

筑波山は、中腹から山麓にかけて日当たりがよく、冬でも暖かい空気の層ができ、水はけもよいため、みかん栽培に適した土地なのだそうです。

材料（10g）

福来みかん……………5～6個
【A】
青のり…………………大さじ1
黒いり胡麻……………大さじ1
一味唐辛子……………大さじ2
生姜パウダー…………大さじ1
山椒パウダー…………大さじ1
白すり胡麻……………小さじ1

作り方

① 陳皮を作る―福来みかんは、皮をむく前によく洗って、キッチンペーパーで水けをふき取る。
② 皮をむいて、風通しのよいネットやザル等に並べて、乾燥した晴天の日に3日間ほど陰干しする。
③ カラカラに乾燥した皮をキッチンばさみで適当な大きさに切ってミルに入れ、粉状になるまで粉砕する。
④ ③の陳皮大さじ1とAを混ぜ合わせて、消毒した瓶に保存する。

栃木県

かんぴょうの胡麻酢和え

　かんぴょうは、ウリ科のユウガオの果肉を紐状にむき、乾燥させた食品。栃木県のかんぴょう生産は全国の99%以上を占めています。

　この地での栽培のはじまりは江戸時代。下野《しもつけ》国《のくに》壬生《みぶ》藩主（現・栃木県壬生町）の城主だった鳥《とり》居《い》忠英《ただてる》が、前任地の近江国《おうみのくに》水口木津（現・滋賀県甲賀市）からユウガオの種を取り寄せたことからといわれています。

　以来、栃木県の水はけのよい関東ローム層と夕立が多い気候に適合し、全国一の産地となりました。

　栃木県の数あるかんぴょう料理の中で、今回紹介するのは、「かんぴょうの胡麻酢和え」。かんぴょうと野菜を胡麻酢で和えるさっぱりした料理。地味なイメージがあるかんぴょうですが、食物繊維・鉄分・カルシウム・カリウムなどミネラルたっぷりで、豊富な栄養を含んでいるのです。

材料（2人分）

かんぴょう‥‥7g(もどして80g)
油揚げ‥‥‥‥‥‥‥‥‥‥‥1/2枚
人参‥‥‥‥‥‥‥‥‥‥‥‥10g
きゅうり‥‥‥‥‥‥‥‥‥‥1/2本
【A】
すり胡麻‥‥‥‥‥‥‥‥小さじ1
酢‥‥‥‥‥‥‥‥‥‥‥‥小さじ1
砂糖‥‥‥‥‥‥‥‥‥‥‥大さじ1
胡麻油‥‥‥‥‥‥‥‥‥‥小さじ1
塩‥‥‥‥‥‥‥‥‥‥‥小さじ1/4
醤油‥‥‥‥‥‥‥‥‥‥‥小さじ1

作り方

① かんぴょうは塩（分量外）でもんでから水で洗い流し、熱湯に20分くらい浸け、水けを絞り長さ3cmに切る。
② 油揚げは熱湯をかけて油抜きをし、細い千切にする。
③ 人参は洗って皮をむき、長さ4cmの細い千切りにする。
④ きゅうりも長さ4cmの細い千切りにする。
⑤ ③、④に塩少々（分量外）をふりかけ軽くもみ、水けをキッチンペーパーでとる。
⑥ ボウルにAを入れてよく混ぜる。
⑦ ⑥に具を加えて混ぜる。すり胡麻（分量外）をふりかけても良い。

群馬県

すいとん

群馬は小麦粉の名産地。水はけのよい土壌や冬に吹く乾燥した冷風、からっ風の影響を受けて元気に育ち、その生産量は全国トップクラス。

「おきりこみ」「うどん」「焼きまんじゅう」など、多様な小麦粉料理が発達してきましたが、生地をこねたり切ったりする必要がなく簡単に作れる「すいとん」は、家庭料理のひとつとして親しまれています。

材料（2人分）

小麦粉……………… 60g
水……………………35ml
大根………………… 30g
人参………………1/4 本
里芋…………………1個
生椎茸………………1枚
長ねぎ……………1/4 本
油揚げ……………1/2 枚
【A】
出汁……………… 400ml
醤油………大さじ1と1/2
みりん…………大さじ1

塩……………………少々

作り方

① ボウルに小麦粉と水を入れこねる。
　＊スプーンですくって落とせる程度のかたさ。
② 大根と人参は4㎜幅のいちょう切り、里芋は皮をむいて食べやすい大きさに切る。
③ 生椎茸は軸をとり細切り、長ねぎは斜め切り、油揚げは細切りにする。
④ 鍋にAと②を入れて煮る。
⑤ ④の野菜が7割煮えたら、③を入れ煮る。
⑥ 次に①をスプーンで落とし入れて再び煮る。塩で味をととのえる。

千葉県

なめろう

千葉県南部の漁師さんが、獲れたての鮮魚を、波の荒い漁船の上で、味噌と一緒に細かくたたいた郷土料理。千葉県は醤油の産地でもあるのになぜ味噌を使っているかというと、波で揺れるので醤油ではこぼれてしまうから。

ネーミングには「皿をなめるほど旨い」こと、また魚の粘りが強く「皿をなめないと食べられない」という意味もあるそう。家庭料理になる過程で、ねぎや生姜の薬味が加わったようです。

南房総一帯では鯵は一年中獲れるので、主流は鯵ですが、季節によって鰯、さんま、トビウオでも作ることもあります。このなめろうを、鮑の殻に入れて焼いたものが「さんが焼き」です。

千葉の酒蔵めぐりをした際に、御《おん》宿《じゅく》の居酒屋さんでいただいた「なめろう」はとても美味しくて、お酒がすすんだなぁ。

材料（2人分）

鯵	2尾（130g）
おろし生姜	大さじ2
長ねぎ	1/4本
大葉	2枚
味噌	大さじ1

作り方

① 鯵は3枚におろして皮を除く。
② 長ねぎは粗いみじん切りにする。大葉は手でちぎる。
③ ①に②と味噌をのせ、鯵がねっとりするまで包丁でたたく。

神奈川県
大山《おおやま》の豆腐料理

神奈川県を代表する大山（1252m）は、古代より人々から厚い信仰を受けてきた霊山でした。

相模湾からの水蒸気によって雨がよく降るので「雨降山」ともいわれ、それが転じて「阿夫利山《あふり》」とも呼ばれてきました。そのせいで「雨乞い」や五穀豊穣を願い多くの人々が、この山にお詣りしました。

大山が属する丹沢山系の良質な水が、大山を豆腐の名産地にしたのです。

大山信仰のピークを迎えるのは、江戸時代です。江戸から3～4日で往復ができ、通行手形も不要、江の島などの観光スポットも途中にあることなどから、江戸の人々がこぞって大山詣りをしました。

こうした参詣客は、皆「講」を作り、団体で大山詣りを行ったのです。講中一行は決まった宿坊に宿泊し、参拝を行いましたが、この折に講中から奉納された大豆が、大山の豆腐作りに使用されました。

参詣する講中から奉納された大豆と地元の良質な水が結びついて、大山名物の豆腐が生まれたのです。

今日でも、「こま参道」などに名物の豆腐料理を食べさせてくれる店が並んでいます。大山登山の帰りは、ここで、豆腐で一杯という方もおられます。

おいしい豆腐だからこそ醬油にもこだわりたい！ そこで土佐醬油を使ったレシピを紹介します。

材 料（2人分）

絹ごし豆腐‥‥‥‥‥‥‥‥‥‥‥‥‥‥ 300g
昆布‥‥‥‥‥‥‥ 1枚（5cm × 5cm）
水‥‥‥‥‥‥‥‥‥‥‥‥‥‥‥‥‥‥‥‥ 300ml
塩‥‥‥‥‥‥‥‥‥‥‥‥‥‥‥‥‥ 小さじ 1/2
土佐醬油‥‥‥‥‥‥‥‥‥‥‥‥‥‥‥‥ 適量
【薬味】
万能ねぎ‥‥‥‥‥‥‥‥‥‥‥‥‥‥‥‥ 適宜
生姜‥‥‥‥‥‥‥‥‥‥‥‥‥‥‥‥‥ 1片分
紅葉おろし（市販品）
など

湯豆腐の作り方

① 昆布は、湿ったペーパーで軽く表面をふき取り、切れ目を入れる。
② 土鍋に水と①を入れ、30 分おいておく。
③ 絹ごし豆腐は 6 等分にする。万能ねぎは小口切りに、生姜はすりおろす。
④ ②に③の豆腐を入れたら塩を加え、煮立てないように注意しながら、コトコトと沸いてきたら火を弱める。アクが出てきたら軽くすくい取る。
⑤ 豆腐が温まったら器にとり、薬味、土佐醬油をかけていただく。

土佐醤油……土佐醤油は、醤油に旨味と甘みをプラスして、漬けたり、
かけたりする料理をより味わい深くするものです。

土佐醤油の材料（約120ml）

醤油……………… 100ml
みりん…………… 大さじ 1
酒………………… 小さじ 2
鰹節…………1 パック（2g）

土佐醤油の作り方

① 鍋に醤油 100ml、みりん大さじ 1、酒小さじ 2 を入れ、中火にかける。
② 鍋肌から沸きはじめたら、弱火にして 1 分ほどアルコール分を飛ばす。
③ ②に鰹節を入れ、弱火で 1 ～ 2 分ほど煮る。アクが出てきたらすくい取る。
④ 火を止めて 20 ～ 30 分くらいおいておく。そのあと濾す。

東京都
べっこう寿司

「唐辛子醤油」に漬け込んだ白身魚が〝べっこう色〟に輝くことから「べっこう寿司」と名付けられた郷土料理。

伊豆諸島では、わさびが手に入らなかったので、青唐辛子を使って、ピリ辛醤油を漬けたれにしたということです。八丈島には、青唐辛子ではなく練りからしを使った「島寿司」と呼ばれている寿司もあるようです。

伊豆大島に旅したときに食べて美味しかったので再現し、今では我が家の定番に。卵黄をのせて食べるのが我が家流です。

材料（２人分）

ごはん	360g
すし酢（市販品）	約 50ml
鯛（または白身魚）	１さく（100g）
【漬けたれ】	
醤油	大さじ 1
みりん	大さじ 1/2
酒	大さじ 1/2
あれば青唐辛子	みじん切り１本分
【香味野菜】	
千切りの大葉	２枚
千切りのみょうが	１本
白髪ねぎ	1/4 本分
卵黄	２個
練りからし	適量
刻みのり	適宜
お好みで一味唐辛子	少々

作り方

① 鯛をそぎ切りにする。
② 漬けたれを作る。鍋で醤油、みりん、酒を煮て、青唐辛子を加え、アルコール分を飛ばしたら、冷ましておく。
③ ボウルに①と②を入れ、冷蔵庫で 30 分ほど漬ける。
④ 炊きたてのごはん 360g に寿司酢を入れ、しゃもじで切るように混ぜ合わせる。寿司酢が全体になじんだら、うちわであおいで人肌の温度まで冷ます。
⑤ ④をどんぶりに入れ、刻みのりをしき、その上に③を並べる。
⑥ ⑤に香味野菜をのせ、卵黄をのせる。練りからしを添える。お好みで一味唐辛子をかける。

べったら漬け

塩漬けにした大根を、米・米《こめ》糀《こうじ》・砂糖で本漬けした甘い漬物。たくあんと異なり大根は干していません。

日本橋本町の宝田恵比寿神社の祭礼にたつ市（べったら市）で売られていたそうです（えびす講の前夜、10月19日）。

購入した漬物を縄でくくって持ち歩く際、表面についた米糀がべたべたしていることから、べったら漬けと名付けられました。

材料（4人分）

大根‥‥‥‥‥‥‥‥1/2本（500g）
塩（下漬け用）
‥‥大根の重さの3%（大さじ1）
【A】
甘酒‥‥‥‥‥‥‥‥‥‥200ml
種を除いた赤唐辛子‥‥‥‥1本
昆布‥‥‥‥1枚（5cm × 5cm）
＊柚子の皮を入れても美味しい。

作り方

① 大根は皮をむいて半分に切る。
② 大根に塩をまぶしたら、保存袋に入れ空気を抜き閉じる。
③ 大根と同じくらいの重さの重しをして8時間漬けておく。
④ 大根から染み出た水を捨てる。
⑤ 保存容器または保存袋にAを入れ、④の大根を加えて冷蔵庫で2～4日間漬ける。
＊大根を薄切りにすれば早く漬かる。

ちゃんこ鍋

力士たちの体を作るための鍋料理。肉や野菜、魚介類など様々な食材を入れることで栄養価が高く、よい出汁が出て美味しく、一度に大量に作ることができることから、たくさん食べる力士たちには欠かせない料理です。

魚介系の「ちり鍋」、鶏の「ソップ炊き」などが主流ですが、相撲部屋によって個性ある「ちゃんこ鍋」が作られています。

手をつくことが負けるイメージにつながるので四つ足歩行の牛や豚の肉を避けて、鶏肉を使うのも特徴です。

材料（2～3人分）

鶏もも肉……………1枚
白菜……………1/8株
長ねぎ……………1本
人参……………1/4本
生椎茸……………2個
油揚げ……………1枚
にら……………1/4束
【つゆ】
出汁……………600ml
味噌……………大さじ3
酒……………大さじ3
みりん……………大さじ1

お好みで七味唐辛子‥‥少々

作り方

① 鶏肉は一口大に切る。白菜はざく切り、長ねぎは斜め切り、人参は薄切り、椎茸は軸をとって飾り切りする。にらは5㎝の長さに切る。油揚げは半分に切って、さらに三角になるように切る。
② 鍋につゆを入れ、具を入れて火にかける。
③ 煮えたら器に取り分け、お好みで七味唐辛子をかけていただく。

埼玉県

ゼリーフライ

行田《ぎょうだ》市民のおやつとして愛されている「ゼリーフライ」。「ゼリー」といっても肉や魚を油で揚げたもので、お菓子の「ゼリー」とはまったく違う食べ物。

ひと言でいえば〝おからコロッケ〟ですが、通常のコロッケと異なり、おからとじゃがいもがベースで、それに玉ねぎや人参などが入り、小麦粉・卵・パン粉をつけないのが特徴です。

気になる名前の由来ですが、小判のような形から、「銭フライ」と呼ばれていたのが変化し、「ゼリーフライ」と呼ばれるようになったと言われています。

材料（5個分）

おから	100g
じゃがいも	1個
小麦粉	大さじ2
卵	1/2個
人参	15g
玉ねぎ	1/4個
塩・胡椒	各少々
サラダ油	適量
ウスターソース	大さじ2
中濃ソース	大さじ3

作り方

① 人参と玉ねぎはみじん切りにする。

② じゃがいもは皮をむき1/4に切ったら耐熱容器に入れラップをし、電子レンジ600wで4～5分加熱したら、熱いうちにつぶす。

③ ②におからと①、小麦粉、卵、塩、胡椒を加え、よく混ぜ合わせる。

④ ③を小判のような形に整え、160℃の油できつね色になるまで揚げる。

⑤ ボウルにウスターソースと中濃ソースを入れてよく混ぜ、その中に揚げたてのゼリーフライをサッとくぐらせ、全体にからませる。

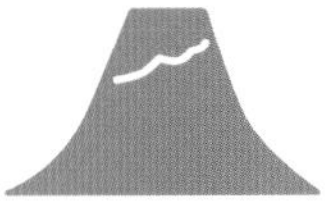

東海地方の郷土料理

●東海地方の郷土料理

全国的に知られた名物や食材がたくさんある東海地方。
名古屋コーチンや浜名湖の鰻《うなぎ》、伊勢うどん、伊勢エビ、豆味噌を
使った料理など、あげればきりがないほど。
雪深い飛騨地方では、地場の野菜で漬物を作って冬に備えていました。
海の幸にも恵まれている静岡県の駿河湾、愛知県の三河湾、
三重県の伊勢湾などでは、伝統的な漁師料理も多く伝わっています。

静岡県

わさび漬け

わさびは、日本原産の植物で、古代から日本人は野生のわさびを利用してきました。古代には薬用として、中世以降は食用にも利用されてきたようです。

野生のわさびを人工的に栽培したのが、静岡県有東木《うとうぎ》地区。慶長年間（１５９６～１６１５）、安倍川上流の有東木村で、自生していたわさびを採集し、井戸の湧き水で栽培したところ、順調に育ったといいます。

その後、伊豆地方に栽培が伝わり、伊豆がわさび栽培の中心地になっていきます。

わさび漬けは、静岡県の商人がわさびの茎のぬか漬けを元に考案し、売り出したのがはじまり。

私が自家製のわさび漬けを作るようになったのは、お蕎麦屋さんで食べた自家製のわさび漬けが美味しかったので、自分でも作ってみたらもっと美味しくできたから（笑）。ただし酒粕の種類によって味わいが変わるのが玉に瑕《きず》。それもまた自家製ならではと楽しんでいます。

材料（約170g）

わさび（茎、根）‥‥ 1本（50 ～ 60g）
酒粕‥‥‥‥‥‥‥‥‥‥‥‥‥‥100g
【A】
みりん‥‥‥‥‥‥‥‥‥‥ 大さじ1
砂糖‥‥‥‥‥‥‥‥‥ 小さじ2～3
塩‥‥‥‥‥‥‥‥‥‥‥ ひとつまみ

作り方

① わさびの茎・根は約 3mm に刻み、2%の塩（分量外）でもみ 30 分～ 40 分おいたら、水分をしっかり絞る。
② 耐熱容器に酒粕と A を入れ、ラップをして電子レンジ 600w で 40 秒加熱し、よくかき混ぜる。
③ ②に①を入れ、よくなじむように練り込む。
④ 保存容器に入れ 2 ～ 3 日漬けておく。
＊できあがったわさび漬けが辛すぎる場合は少し蓋を開けておくと辛みが和らぎます。
＊酒粕によってできあがりの味が変わります。砂糖はお好みで調整して下さい。

味噌カツだれ

愛知県

とんかつにソースではなく、豆味噌をベースにした甘辛い味噌だれをかけて食べる味噌カツ。

　味噌カツに使っている豆味噌は、米味噌や麦味噌とは違い、大豆に麹《こうじ》をつけた豆麹を使用して作られるもので、濃厚な旨味が特徴。愛知県を中心に、東海地方で食べられている味噌です。

　なお、愛知県や岐阜県、三重県には「元祖味噌カツ」を名のる食堂がいくつかあり、それぞれ人気を誇っています。

材料（約70ml）

【味噌だれ】
豆味噌・・・・・・・・大さじ 2
砂糖・・・・・・・・・・大さじ 2
みりん・・・・・・・・大さじ 4
酒・・・・・・・・・・・・大さじ 4
水・・・・・・・・・・・・・100ml
【トッピング】
胡麻・・・・・・・・・・・・　適宜

味噌だれの作り方

① 鍋に味噌、砂糖、みりんと酒を入れ、ゴムべらなどでよく練り混ぜる。
② ①を中火にかけ、煮立ってきたら弱火にし、鍋底をこそげるように練り混ぜる。焦がさないように煮詰め、とろみがついたら火を止める。
＊こんにゃくやふろふき大根の味噌だれにも使えます。

味噌おでん

　愛知県を中心とした東海地方の食にかかせないのが、豆味噌。大豆に麹菌を繁殖させ、大豆麹を作り、これに塩水を加え発酵させ、長期熟成させた味噌です。岡崎市で作られている「八丁味噌」はその代表。

　米や麦が含まれない味噌で、濃厚なコクや酸味、渋みのある味が特徴。煮込めば煮込むほど、豆味噌の旨味やコクは強くなりますので、煮込み料理に向いています。

　そんな豆味噌を使った料理「味噌煮込みうどん」「味噌カツ」「味噌おでん」などは、愛知県人のソウルフード。

　愛知県にUターンする友人が、東京でお世話になった方々との食事会を企画しました。そのとき、同郷の先輩と「味噌おでん」を作ってくれました。真っ黒になったおでんの具に驚きながらも、アミノ酸豊富な豆味噌ならではの旨味がたっぷりで、あっという間になくなりました。

　味噌おでんは、具材が入った土鍋の真ん中に味噌壺があり、その味噌を具につけて食べるのが本来だそうです。それにしてもおでんは地域色豊かなので、いつかおでんを巡る旅もしてみたいものです。

材料（2人分）

大根…………1/4本（180g）
里芋…………………4個
こんにゃく…………1/2枚
焼き豆腐……………1/2丁
ちくわ………………2本
【A】
豆味噌（または八丁味噌）
……………大さじ4
砂糖…………大さじ3
酒……………大さじ2
醤油…………大さじ1
みりん………大さじ1
出汁……………500ml

作り方

① 大根は皮をむき3cmの厚さの輪切りにし、米のとぎ汁（分量外）で下煮する。里芋は皮をむき、酢（分量外）を少量入れた水で茹でる。
② こんにゃくは4等分にし、さらに斜め半分の三角形に切り、さっと茹でてアクを取る。
③ 焼き豆腐は4等分に切り、ちくわは半分に切る。
④ 鍋にAを入れ、①〜③の具を入れて煮る。

三重県

伊勢うどん

太くてやわらかい麺と出汁のきいた黒いつゆが特徴的な「伊勢うどん」。もともとは、伊勢の農民が家庭で作っている味噌の上澄み（たまり）をうどんにかけて食べたのがはじまり。農民がうどんを打つのに手間がかからぬよう、太麺で、具も安くすむネギのみというシンプルなうどんです。

そのうどんが、伊勢神宮の参拝客に提供されるようになりました。極太麺は、大鍋で大量に茹で続けてものびないので、次々に来るお客さんに提供するのには、好都合でした。

私も伊勢神宮でいただきましたが、今までのうどんとはまったく違う、やわらかく太い麺に驚きました。しかし食べ進めていくと、病気になったときに母が作ってくれたクタクタに煮込んだうどんのような懐かしさを感じました。

材料（2人分）

茹でうどん（太麺）……… 2袋
万能ねぎ………………………適量
鰹節……………………………適量
【A】
昆布出汁……………… 大さじ2
たまり醤油……… 大さじ2～3
みりん………………… 大さじ2
砂糖……………… 大さじ1/2

作り方

① Aの材料を鍋に入れて火にかけ、沸騰したら火を止める。
② うどんを茹でる（やわらかめに茹でるとより伊勢うどん風になります）。
③ 器にうどんを盛り付けて、①を回しかけ、ねぎと鰹節をのせる。

豆腐《とうふ》田楽《でんがく》味噌

豆腐は、古くから我が国に伝わり、長く、貴重なタンパク源として利用されてきました。特に、山々に囲まれた伊賀地域では、豆腐が重要なタンパク源でした。

豆腐料理はいろいろありますが、特に豆腐田楽は室町時代から人気の料理として愛されてきました。

田楽は四角く切った豆腐に串を刺し、火であぶり、味噌だれを塗って焼いたもの。田植えの時期に田んぼで踊る「田楽舞」の衣装に似るところから「田楽豆腐」と呼ばれるようになったといいます。

また伊賀地域は観阿弥・世阿弥の出身地であることから、白装束を着て高い竿に上って舞う様子が、串を打った豆腐と似ていることからも、田楽と呼ばれるようになったようです。

材料（各約150g）

【ゆず味噌】
ゆず……………………1個
味噌…………………100g
砂糖……………………50g
酒………………大さじ1
柚子の果汁………小さじ2
【胡麻味噌】
練り胡麻………………8g
味噌…………………100g
砂糖……………………50g
酒………………大さじ1

焼き豆腐………………1丁

作り方

【ゆず味噌だれ】
① ゆずの皮（白い部分は入れない）を包丁で薄くむき、刻む。
② 鍋に、味噌と砂糖を入れ練り、火にかけて酒を少しずつ加えてのばす。①の柚子の皮と柚子の果汁を加えて混ぜる。
【胡麻味噌だれ】
① 鍋に、練り胡麻、砂糖、味噌を加え練り、火にかけて酒を少しずつ加えてのばす。
【豆腐の味噌田楽】
① 豆腐を食べやすい大きさに切り、串を刺す。
② できあがった各味噌だれを豆腐にぬる。
③ ②に胡麻や柚子の皮など（分量外）をトッピングする。

岐阜県

漬物ステーキ

飛騨地方では、極寒の冬の貴重な食料であった漬物が、生の野菜が採れない冬場の栄養源として食べられていました。

凍りついてしまった漬物を溶かすために囲炉裏で、朴葉《ほおば》にのせて焼いて食べたのが漬物ステーキのはじまり。また漬かりすぎた漬物をおいしく食べようという料理でもあったようです。

焼いた漬物を卵でとじたものを、「卵とじ」と名付けず「ステーキ」とするのが、なんともユニーク。今でも飛騨地方では、居酒屋の定番メニューだと、飛騨市役所の方とミーティングしていたときに、話題になりました。

作ってみたらなるほどお酒にもご飯にも合う料理で、大きな鉄板で焼くと漬物がご馳走になる感覚がわかりました。

厳しい自然の中でも工夫して豊かに食べようという郷土料理は、やはり先人たちの知恵が形になったものですね。

材料（2人分）

白菜の漬物･････････････　200g
バター･･････････････････大さじ1
醤油･････････････････････少々
卵･･･････････････････････2個
鰹節･････････････････････適量

作り方

① 一口大に刻んだ白菜漬けを水で洗ったら、水けを絞る。
② ボウルに卵を割り入れ、よく溶きほぐしておく。
③ フライパンにバターを溶かし、①を中火で炒める。醤油を加えて味をととのえる。
④ ②を流し入れ、半熟になったら火を止める。
⑤ 皿に盛り、鰹節をふりかける。

五《ご》平《へい》餅《もち》

江戸時代中期頃に木曽・伊那地方の山に暮らす人々によって作られていたのが起源。名前の由来は、五平という人が飯《めし》をつぶして味噌をつけ、焼いて食べたとか、形が神道の祭祀で捧げられる「御《ご》幣《へい》」に似ていたからなど、様々な説があります。

「五平餅」は、愛知県三河地方、岐阜県飛騨地方、長野県の木曽、伊那地方の山間部に分布し、多くの人々に食べられてきました。たれの中にくるみ、ねぎ、唐辛子などを加えたものもあります。

残ったご飯を餅になるようにつぶした五平餅は、現代でも活用したいエコクッキングですね。

材料（4個分）

残ったご飯・・・・・・・・ 200g
いり胡麻（飾り）・・ 少々
【味噌だれ】
味噌・・・・・・・・ 大さじ1/2
砂糖・・・・・・・・・・・・・大さじ2
みりん・・・・・・・・・・・大さじ1
すり胡麻・・・・・・大さじ1/2

作り方

① ご飯は、電子レンジ600wで2分ほど温めて保存袋に入れて麺棒などで半つぶしにする。
② 手をぬらしてご飯を4等分し、平らな楕円に整る。
③ ボウルに味噌だれの材料を加えてよく混ぜる。
④ オーブンシートを敷いた天板に並べる。オーブントースターで焦げ目がつくまで焼く。
⑤ ④に串を刺し、表に味噌だれを塗る。

甲信越・北陸地方の郷土料理

●甲信越・北陸地方の郷土料理

土地柄、稲作に適さない山梨県や長野県では、米に替わる穀類を作り、
蕎麦、ほうとうなどを食べてきました。また鳴沢菜や野沢菜
などの野菜を栽培し、冬場も野菜が摂取できるよう漬物などを作っています。
日本海の海沿い地域では、魚介類を使った料理が数多く見られ、
その食べ方も多様。シンプルに焼くだけではなく、たくさん獲れた魚を
保存食に加工するなど、様々な方法で食べられてきました。
加賀百万石の城下町金沢には、武家文化の歴史を感じられる料理が
たくさんあります。

長野県

凍《し》み豆腐の卵とじ

信州では、冷凍庫の中のようなピリピリとした寒さを「凍《し》みる」と表現します。凍みる寒さとともに暮らしてきたこの地域では、昔から様々な方法で「凍み」が利用されてきました。

中でも有名なのが、豆腐を凍《こお》らせて干す「凍み豆腐」。戸外に干して、昼夜の気温差で「凍る」のと、「溶ける」のを繰り返すのが特徴。

高野山の精進料理で有名な「高野豆腐」の昔ながらの作り方は、戸外で一晩凍らせた豆腐を日中も氷点下になる屋内に干し、「溶かさない」ものだそうです。

私の母が長野県出身なので、凍み豆腐は食卓にありました。正直、スポンジみたいな食感があまり好きではなかったのですが、大人になって乾物の優れた利点（保存性、栄養価など）を知れば知るほど、これは暮らしに取り入れていきたいと思うようになりました。

今回紹介したメニューは、野菜の旨味や栄養を染み込ませた染み（凍み）豆腐。私も子どもの頃に食べていた料理を、うちの子どもたちに作る。それが、我が家の味のルーツになっていくのでしょう。そう思うとやっぱり郷土料理はなくしてはいけないものだなと思います。

材料（2～3人分）

高野豆腐…………………… 2個
人参…………………… 1/2本
枝豆…………………… 30粒
生椎茸…………………… 2枚
鶏ひき肉…………………… 100g
卵…………………… 2個
【A】
めんつゆ（3倍希釈） …… 大さじ2
酒…………………… 大さじ1
砂糖…………………… 大さじ1/2
水…………………… 200ml

作り方

① 高野豆腐は水でもどし、1.5cm角に切る。
② 人参と生椎茸は1.5mm幅の薄切りにする。
③ 枝豆をさやから出す。
④ 鍋にAと人参と椎茸、鶏ひき肉を入れて煮る。
⑤ 沸いてきたら、凍み豆腐と枝豆を入れて煮る。
⑥ 水分が少なくなったら、溶き卵を加えて火を通す。

豆腐入り天寄せ

江戸時代に、ところてんを庭に捨て置いたところ、冬の寒さによって凍って干からびてしまった。それを試しに煮てから冷ましてみると、海藻臭さのない、透明で見た目のいいものができました。そこから「寒ざらしのところてん」が「寒天」といわれるようになったようです。

諏訪地域は、寒いときには氷点下10度以下にもなり、昼夜の寒暖差も大きく、さらに内陸性気候なので湿気も少なく冬季に晴天の日が多いので、天然寒天の製造にはうってつけでした。

また、水が多く必要な寒天製造にとって、この地域の不純物の少ない地下水も大きな利点なのです。

「天寄せ」は、様々な具材を寒天で固めた料理。諏訪地域の盆や正月、冠婚葬祭などに欠かせない料理で、諏訪大社のおもてなし料理でもあります。祝儀のときには「紅」、不祝儀のときには「緑」と色で使い分けられます。

子どもの頃、母の実家に行くと、寒天のフルーツポンチがたびたび食卓にあがりました。それは寒天をよく食べる地域だからこそのおやつだったのですね。

材料
(13.5×16.5cmの型)

粉寒天………… 4g
水………… 500ml
豆腐………… 150g
砂糖………… 100g
食紅………… 少々

作り方

① 鍋に水、粉寒天を火にかけ、沸騰したら２分煮て寒天を煮溶かす。
② ①に砂糖を加え砂糖が溶けたら、ぬらした楊枝に食紅を少しつけて鍋に浸し、寒天に色をつける。
③ ②の粗熱を取り、型に流し入れる。
＊寒天は常温でも固まるため、冷やしすぎないように。
④ 絹豆腐を手でくずしながら入れたら冷蔵庫で冷やし固める。
⑤ ④を型から出し、切り分ける。

山梨県

ほうとう

物事がうまくいくと、山梨県人は「うまいもんだよ、かぼちゃのほうとう」といいます。山梨県民にそれほどまでに親しまれている「ほうとう」は、小麦粉を練って作った平たい太めの麺です。

麺の製造時に塩を混ぜないこと、寝かせないことの他、茹でずにいきなり汁の中に入れて煮立ててしまう点が、他のうどんとの違いです。

具はかぼちゃが定番。ほかに様々な野菜や肉と一緒に煮込むほうとうは、栄養満点の一品。食べると風邪をひかないというのも頷けます。

私は、富士山が好きでよく河口湖に行き、そのたびにほうとうを食べます。かぼちゃが煮崩れて甘みのあるほうとうが美味しくて、家でもときどき作りますが、なぜか河口湖で食べたほうとうと同じ味にならない……。土地の食べ物は、その土地で食べるのが一番美味しいのだと実感する料理のひとつです。

材料（2人分）

ほうとううどん……… 150g
じゃがいも…………小1個
かぼちゃ…………… 150g
大根………………… 30g
人参………………… 1/4本
きぬさや…………… 4枚
生椎茸……………… 1枚
長ねぎ……………… 1/4本
油揚げ……………… 1/4枚
出汁………………… 500ml
味噌………………… 80g

作り方

① じゃがいもとかぼちゃは乱切りにする。人参と大根は5㎜幅のいちょう切りにする。生椎茸は軸をとり薄切りにする。油揚げは短冊切り、長ねぎは薄い斜め切りにする。
② かぼちゃとじゃがいもは、耐熱容器に入れてラップをかけ、電子レンジ600wで5～6分加熱する。
③ 鍋に出汁を入れ、そこに大根と人参を入れ、火が通るまで煮る。
④ 次に②を入れて煮て、再び沸いてきたら、油揚げと味噌半分の量とほうとううどんを入れて煮込む。うどんが透き通ってきたら、残りの味噌を加えて、味をととのえる。
⑤ 再び煮立ったら長ねぎを入れ火を止め、蓋をして2、3分蒸らす。

福井県

へしこのパスタ

「へしこ」は、さばなどの青魚を塩漬けにして、さらに米ぬかに漬け込み、一年以上にわたり発酵・熟成させた食品です。福井県沿岸の海に出られない日が多い厳しい冬を越すための貴重なタンパク源でした。

漁師が魚を樽に漬け込むことを「へしこむ」と言い、ここから名付けられたようです。

ちなみに石川県や富山県は、同様の魚のぬか漬けを「こんか漬け」と呼んでいます。

塩味と旨味が強いへしこは、お茶漬け、おにぎりの具のほか、最近ではアンチョビのようにパスタやピザなどにも使われます。

今回はシンプルなにんにくと赤唐辛子のパスタですが、クリームソースにも合いますよ。

材料（2人分）

パスタ………… 160g
へしこ……………30g
にんにく…………1片
赤唐辛子…………1本
オリーブオイル
…………大さじ2
キャベツの葉
………………4枚
塩……………… 適量

作り方

① キャベツは芯を除きざく切り。にんにくとへしこはみじん切り。赤唐辛子は種を除き輪切り。
② フライパンにオリーブオイルとにんにく、赤唐辛子を入れ、弱火で香りがたつまで炒める。香りがたったらへしこを加えてほぐすようにし、オイルになじませる。
③ パスタは塩を加えたたっぷりの湯で袋に書いてある時間通りに茹でる。引き上げる2分前に、①のキャベツを加え、パスタと一緒に茹で、ザルにあげる。
＊パスタの茹で汁は大さじ2～3ぐらいとっておく。
④ ②に③、茹で汁をお好みで加えて、手早く混ぜる。

富山県

とろろのおにぎり

富山県は昆布の消費量が全国有数で、「昆布巻き」「昆布締め」「昆布巻きかまぼこ」など昆布を使った名産品が数々あります。そしておにぎりものりではなくとろろ昆布を巻くのが定番です。

昆布の産地でもない富山県がどうして昆布王国になったのか……二つの理由があるといわれています。

ひとつが、江戸時代から発達した日本海航路の北前船が昆布を大量に運んだこと。もうひとつは、明治期に多くの富山県民が北海道に移住し、昆布を親類に送ったことからです。

富山好きの友人と旅したとき、とろろ昆布のおにぎりを食べたのがきっかけで、我が家でもとろろ昆布のおにぎりが登場するようになりました。

今回は、富山名物の沖漬けも一緒に添えました。

材料（2個分）

ごはん‥‥‥‥‥‥‥‥‥‥‥300g
梅干し‥‥‥‥‥‥‥‥‥‥‥2個
塩‥‥‥‥‥‥‥‥‥‥‥‥‥少々
とろろこんぶ‥‥‥‥‥‥‥適宜
ホタルイカの沖漬け‥‥‥適量

作り方

① 手に塩をつけてごはんをのせ、真ん中をくぼませて梅干しを入れたら、三角になるように握り、おにぎりを作る。
② ①のおにぎりのまわりに、とろろ昆布をふんわりとまぶしつける。
③ ②を皿に盛り、ホタルイカの沖漬けを添える。

新潟県

栃尾揚げ ねぎのはさみ焼き

長岡市栃尾で、江戸時代から作られてきたのが「栃尾揚げ」。通常の油揚げの約3倍、長さ20㎝、幅6㎝、厚さ3㎝という巨大な油揚げです。鍋で2回揚げるため、中までふっくらとしているのが特徴。

栃尾にある秋葉神社のお土産として考案されたとか、栃尾の馬市から生まれたとか、諸説あります。

栃尾揚げは、長岡で行われた「発酵トリップ」というイベントに招かれた際、居酒屋さんで地酒「吉乃川」と共にいただきました。その土地の酒とつまみは、やはり合いますね。

材料（2人分）

栃尾揚げ・・・・・・・・・・・・・・1枚
長ねぎ・・・・・・・・・・・・・・1/2本
【A】
味噌・・・・・・・・大さじ2と1/2
みりん・・・・・・・・・・・・大さじ1
すりおろし生姜・・・・・・1片分
鰹節・・・・・・・・・・・・・・・・・・ 2g

万能ねぎ・・・・・・・・・・・・・・1本

作り方

① ボウルにAとみじん切りにした長ねぎを混ぜる。
② 揚げは厚みを半分に切り、①をはさみ、トースターで、きつね色に焼き色がつくまで焼く。
③ 焼きあがったら小口切りにした万能ねぎをかける。かんずりを添える。おろし生姜を添えてもよい。

新潟県妙高市（旧新井市）に伝わる伝統の発酵調味料の「かんずり」。一年で一番寒い時期、大寒の頃に仕込まれることから「寒造里」とも書きます。

真っ白な雪の上に、塩漬けにした鮮やかな赤色の唐辛子を３～４日天日干しするその風景は冬の風物詩。

寒ざらしした後、米糀と柚子と塩を混ぜて三年間発酵・熟成させます。糀を加えることで味わい深い風味となり、さらに雪にさらされた唐辛子だからこそ、アクが抜け旨味が増します。

かんずりは、厳しい寒さのこの地域で体を温めるために食べられていました。この土地ならではの発酵食品ですね。

私は栃尾揚げにかんずりを少し添えて食べるのが好きです。

かんずり

石川県

治《じ》部《ぶ》煮《に》

加賀藩の土地には鴨が多く飛んできたそう。その鴨肉に小麦粉をまぶし、すだれ麩《ふ》や各種野菜と煮た「治部煮」は、江戸時代から食べられていた武家料理で、石川県を代表する煮物。現在は鶏肉などを使っているところが多いようです。

名前の由来は、岡部治部《じぶ》右衛門が考案した料理だからとか、煮ているときの「じぶじぶ」という音から名付けられたなど、諸説あります。

この料理の特徴である「小麦粉をまぶす」ことが、肉の旨味を閉じこめ、汁にとろみがつき体が温まるという利点になっています。さらに添えたわさびの辛みが煮物と調和して美味しいのです。

輪島塗りの「輪島キリモト」さんと、お仕事しているので、石川県にはたびたび訪れますが、その時に「治部煮」を食べるのが楽しみです。

材料（4人分）

鴨肉（または鶏肉）…………120g
小麦粉（薄力粉）……… 大さじ1
生麩……………………… 1/4枚
生椎茸…………………… 2枚
ほうれん草……………… 2株
花麩……………………… 2切れ
わさび…………………… 適宜
めんつゆ（2倍希釈）…… 100ml
水………………………… 100ml
水溶き薄力粉
…… 小麦粉小さじ1・水大さじ1

作り方

① 鴨肉はそぎ切り、生麩は1㎝幅に切る。生椎茸は軸をとり、飾り包丁を入れる。
② ほうれん草は茹でて長さ2～3cmに切る。
③ 鍋にめんつゆと水を入れて火にかけ煮立ったら、生麩、花麩、生椎茸を入れて煮る。再び煮立ったら取り出す。
④ 鴨肉に小麦粉をまぶして、③に入れて煮る。火が通ったら取り出す。
⑤ 器に③、④を盛り、②をそえる。
⑥ ④の煮汁に水溶き小麦粉を入れとろみをつけたら⑤にかける。わさびを添える。

近畿地方の郷土料理

●関西地方の郷土料理

古来、都として栄えてきた関西は、日本の政治、文化、宗教
などの中心地だっただけに、日本を代表する食文化が発展しました。
さらに、豊かな自然にも恵まれているので、神戸牛、京野菜、丹
波の黒豆、明石のタコ、南高梅など、名の知れた
食材を使った料理がたくさんあります。
海のない地域では、海のある隣の県から運ばれてくる
海産物を使って料理を作ってきました。
琵琶湖に生息する鮒《ふな》を使った滋賀県の「鮒寿司」は、
奈良時代から作られてきた伝統的な料理です。

兵庫県

味噌だれ餃子

三つ違いの妹とはよく一緒に旅行します。この味噌だれ餃子も妹と神戸旅行に行ったときに出会った料理。

味噌だれ餃子のルーツは、戦前、満州（現・中国東北部）に暮らしていた日本人が、異国の食べ物だった餃子に日本から持ってきた味噌をつけて食べはじめ、終戦後、帰国して神戸で餃子店を開き広まったと言われています。

南京町の数ある中華店の中で、どの店に入ろうかと迷いながら歩くのも旅の醍醐味。味噌だれ餃子とビールを楽しみました。

材料（4人分）

焼き餃子（市販でも可）…………………20個

【味噌だれ】

味噌…………大さじ1

醤油…………大さじ1

酢……………大さじ1

砂糖…………小さじ1

豆板醤………小さじ1/2

ラー油…………少々

作り方

① ボウルに、味噌、醤油、酢、砂糖、豆板醤、ラー油を混ぜて味噌だれを作る。

② 焼き餃子に①の味噌だれをつけて食べる。

滋賀県

丁稚《でっち》羊羹《ようかん》

材料（4〜6人分）

餡（市販品）…… 200g
米粉…………大さじ2
水……………大さじ1
竹の皮…………2枚

作り方

① 竹の皮を水につけてやわらかくしておく。
② 餡に米粉を入れてよく練って、水を少しずつ加えて耳たぶぐらいのかたさにする。
③ 竹の皮の水をふき取ってから、皮の端をひも用にさいておく。皮の中央に②を 1/2 をのせる。それを2つ作り、ひもで結ぶ。
④ 温めた蒸し器に③を入れ、20〜30 分蒸す。
⑤ 冷めてから切り分ける。

丁稚羊羹は、小豆から作った餡を小麦粉や葛粉を混ぜて蒸し上げる「蒸し羊羹」。由来は、丁稚の母親が奉公先の手土産にと持たせたことから、丁稚羊羹となったとか。このレシピでは、小豆から作った餡に粉類を混ぜて蒸し上げます。

滋賀県の農家の次男坊が大阪や京都に丁稚奉公に出ていくとき、貧しいながらも我が子をよろしくという気持ちを込めて作って持たせたお菓子には、親の愛が詰まっているなぁと温かい気持ちになりますね。

ちなみに丁稚羊羹は竹の皮のまま切り分けて食べるそうです。

大阪府

お好み焼き

「お好み焼き」のルーツは諸説ありますが、江戸時代末期から江戸に存在していた「文字《もんじ》焼き」だと言われています。

子ども向けの屋台で、小麦粉に蜜（砂糖）を加えて溶いたものを、子どもが熱した銅板の上にたらして焼く、といったものだったようです。

この文字焼きが、明治期に流行した洋食屋台の影響を受け、今日のようなキャベツや肉などを入れて焼いてソースで食べるものになり、さらに様々な具を好みで入れたことから「お好み焼き」と呼ばれるようになりました。

関東に住む私は、いわゆる「粉モン」と呼ばれるたこ焼きやお好み焼きを家で作る機会が少なかったのですが、ドキュメンタリー映画『みんなの学校』の大空小学校の初代校長木村泰子先生から、大阪のお好み焼きを美味しく作るコツを直に教えていただいてから、家でもお好み焼きを作るようになりました。

材 料（２枚分）

【生地】
小麦粉（薄力粉）…………100g
出汁………………… 100ml
長いもすりおろし………… 50g
塩………………… ひとつまみ
【具】
キャベツ（約 5mm 粗みじん）
…………………………250g
卵……………………… 2 個
天かす……………… 大さじ 4
青ねぎ……………… 大さじ 4
豚バラ肉 3mm 厚スライス
……………………… 4 枚
紅生姜……………… お好みで
油………………………… 適量
【トッピング】
お好み焼きソース
青のり
鰹節
マヨネーズ……………… 適量

作り方

① ボウルに生地の材料を入れ、泡立て器で混ぜる。
② ①に 1/2 のキャベツ、1 枚分の生地（約 120g）、卵 1 個、天かす大さじ 2 を加え、混ぜ合わせる。
＊キャベツの水分が出るので、手早く混ぜてすぐに焼くのがポイント。
③ 中火で熱しておいたフライパン（ホットプレートなら強 200 〜 220℃）に薄く油をひいて②の生地を真ん中に置いたら、中央から外にスプーンで 15 〜 16cm ぐらいに広げる。
＊中央は熱が通りやすいようにへこませる。
④ 3 分後に、豚バラ肉 2 枚を並べたら裏返す。蓋をし、弱火にして 4 分焼く。
⑤ 蓋をあけて、再度返して 1 分焼く。
⑥ ソースやマヨネーズ、鰹節、青のりなどのトッピングをする。
⑦ もう 1 枚を同じように作る。

京都府

丹後《たんご》ばら寿司

「丹後ばら寿司」とは、丹後地方の家庭で作られてきたさばのおぼろ（そぼろ）を用いたちらし寿司です。甘辛く煮つけたさばを細かくほぐし、寿司飯にちらしたり、はさんだりします。他に錦糸卵、紅生姜、椎茸といった、色とりどりの具材をのせます。

ハレの日の料理で、板状のばら寿司を、木べらで切り分け銘々《めいめい》にふるまいます。

若狭湾に面する丹後では、よくさばが獲れました。そのさばを保存のために塩さばや焼きさばにしたものが「鯖街道」を経て、京都の町に運ばれました。鯖街道周辺には、さばの棒寿司などのさば料理がみられます。

昔はさばを長時間煮ておぼろを作っていましたが、今回はさばの水煮缶を使って手軽に作れるレシピを紹介しています。

材料（約４人分）

米…………　２カップ
水……………………450ml
かんぴょう………… 10g
ごぼう……………… 20g
干し椎茸…………　5g
卵…………………… 1個
紅生姜…………　適宜
茹でたいんげん….　２本

【合わせ酢】
酢……………… 大さじ３
砂糖…………… 大さじ２
塩……………… 小さじ１

【A】
出汁……………… 100ml
醤油……大さじ１と 1/2
砂糖…………… 大さじ１
みりん………… 大さじ１

さばの水煮缶……… １缶

【B】
すりおろし生姜…. １片分
砂糖………… 大さじ 1/2
醤油………… 大さじ 1/2

作り方

① 鍋に合わせ酢の材料を入れ、火にかけ砂糖を溶かす。
② 米はといで炊飯する。炊き上がったら寿司桶に入れ①を少しずつ加え、うちわであおぎながら混ぜる。
③ かんぴょうは水でもどし小さく切る。ごぼうはささがきにする。干し椎茸は水でもどし絞ったら細切りにする。
④ 鍋に③と A を入れて煮る。
⑤ フライパンにさば缶を汁ごと入れて炒る。身がほぐれ水分が飛んでから B を加え、再び水分を飛ばしながら炒る。
⑥ ボウルに卵を割り塩少々を入れてよく混ぜる。フライパンで薄焼き卵を作ったら千切りにする。
⑦ 皿に酢飯を盛り、⑤⑥をのせ、紅生姜や茹でたいんげんを切って飾る。

ちりめん山椒

ちりめんじゃこと山椒の実を佃煮にしたものが「ちりめん山椒」。京都では魚を生で食べる機会が少なかったので佃煮にして保存する風習がありました。また山椒の実は、盆地の京都ではよく採れていたことから、ちりめんじゃこと混ぜ合わせ佃煮にしたことが、ちりめん山椒のはじまりといわれています。

下ごしらえ　実山椒の青煮

① 実山椒は枝からはずし、ごみなどを取り除いてから水で洗う。
② たっぷりの湯で６～７分間、湯がプクプクと煮立つ程度の火加減を保ちながら、実山椒が指の腹でつぶれるくらいのかたさになるまで茹でる。必ず指の腹で確かめること。
③ 途中何度か水を替え、１時間くらい水でさらす。一粒食べてみて、アクが強いようなら、水でさらす時間を長くするとよい。
④ ③をザルにあげ、水けをよくきる。保存する場合は、さらに水気を紙タオルなどでふき取り、密封式の保存袋などに入れて冷凍する。

材料（約100g）

ちりめんじゃこ………… 70g
実山椒の青煮……… 大さじ３
【A】
酒………………… 100ml
醤油………… 大さじ１と1/2
みりん…………… 大さじ１
砂糖…………… 大さじ1/2

作り方

① 鍋にAの調味料をすべて合わせて火にかける。沸いてきたら、ちりめんじゃこを入れて２分ほど煮る。
② ①に実山椒を加え、なべ底に汁気がなくなるまで煮る（5～6分ぐらい）。

しば漬け

「しば漬け」は、なすやきゅうり、みょうがなどを赤紫蘇《しそ》とともに塩漬けした、鮮やかな紫色と酸味が特徴の漬物です。

京都の大原地区は、材料に使われている赤紫蘇の産地だからこそ、この地でしば漬けが生まれたのでしょう。

今回は大葉と赤梅酢を使って作る手軽なレシピを紹介しています。

材料（4人分）

なす……………1本
きゅうり…………1本
みょうが…………2個
生姜……………1片
大葉……………2枚
塩…………野菜の1%
【A】
赤梅酢…………100ml
砂糖…………大さじ1

作り方

① なすは、へたを取り除き4㎜の半月切り、きゅうりは4㎜の輪切り、みょうがは斜め薄切り、生姜は皮をむいて千切り、大葉は5㎜幅の千切りにする。
② ①の重さを量ったら保存袋にいれ、塩を加えて全体になじませる。
③ ②を平らにならし、2倍ぐらいの重石（ペットボトルに水を入れたものなどでもよい）をのせて3時間漬ける。
④ ③の野菜の水分をしっかり絞る。
⑤ 保存容器に、④とAを入れ、冷蔵庫で3日漬ける。

和歌山県

吉野葛《くず》の胡麻豆腐

「胡麻豆腐」は、弘法大師（空海）が約１２００年前に開いた高野山で、修行僧の食べる精進料理として生まれたといわれています。

豆腐と呼ばれていますが大豆は含まれず、胡麻と葛で作られています。

胡麻は、非常に栄養豊かな食品で、古くから寺院の精進料理として「胡麻和え」などに利用されてきました。ただ残念なことに胡麻の自給率はゼロに近く、ほとんどが輸入に頼っているのが現状です。

胡麻豆腐といえば、山形の修験道の霊山「出羽三山」の近くの親戚の家で食べた胡麻豆腐が美味しくて、山形の夏を思い出す一品です。

材料
(11cm×14cm の型)

葛粉……………50g
水……………350ml
白練り胡麻………50g
塩……………　少々
醤油…………　少々
わさび…………　少々

作り方

① 鍋に葛粉と水、練り胡麻、塩を入れてよく混ぜ合わせる。
② 中火にかけしっかりとろみがつくまで、手を休めずに 10 ～ 15 分ぐらい混ぜ続ける。木べらを持ち上げたとき、しばらくしてからボタッと落ちるくらいのかたさにする。
③ 水でぬらした型に流し込み、粗熱を取って、冷蔵庫で冷やし固める（1 時間ぐらい）。
④ お好みの大きさに切り、わさびをのせ醤油をかけていただく。

金山寺味噌《きんざんじみそ》

「金山寺味噌」は、金山寺麹（炒った大麦、米、大豆に麹菌をつけて発酵させたもの）と、白瓜、なす、生姜などの野菜を加え、３か月ほど熟成させたもので、和歌山県の他、千葉県、静岡県などで作られている「なめ味噌」です。

鎌倉時代の僧である覚心《かくしん》が、修行先の中国で覚えた径山寺《きんざんじ》味噌の製法を、「興国寺」建立のときに日本に伝えたという説や、空海が唐の金山寺から持ち帰り、高野山で「僧坊食」として用いたという説があります。

夏野菜を使って作る金山寺味噌は、冬に夏野菜を食べられる保存食でもありました。

材料（約850g）

金山寺麹…………… 400g
塩………………… 65g
ざらめ…………… 150g
はちみつ…………… 20g
なす…………………… 1個
白瓜…………………… 120g
生姜…………………… 15g
大葉…………………… 10枚
きゅうり……………… 1本

作り方

① なすと白瓜は、大き目のみじん切りにする。軽く塩（分量外）をふり30分おいたら、水けを軽く絞る（絞りすぎないように）。
② 生姜は細切りにする。大葉は粗みじん切りにする。
③ 焼酎（分量外）でふいたボウルに、金山寺麹と塩を入れ混ぜ合わせる。
④ ③にざらめを入れ、さらに混ぜ合わせる。
⑤ ④に大葉以外の野菜を入れ混ぜる。次にはちみつを加えて混ぜる。最後に大葉を手でちぎって入れる。
⑥ 焼酎（分量外）でふいた清潔な容器に⑤を入れ、上から手で圧し、空気を抜いたら、ラップを張りつけるように敷き、その上に中蓋と重石（1kg）をのせる。
⑦ 冷暗所で１か月～２か月おいておく。
⑧ できあがったら冷蔵庫に入れて保存する。食べやすい大きさに切ったきゅうりなどにつけて食べる。
＊１週間したら味がなじんでくる。夏場はカビが生えやすいので冷蔵庫に入れ緩やかに発酵させてもよい。
＊寒い時期に仕込む場合は最初の１週間は25°C前後の場所に置くとよい。
＊汁が出てくるが、汁は捨てない。
＊カビが発生していたらその部分だけではなく、多めに取り除く。

南《なん》高《こう》梅《うめ》の梅酒

和歌山は、温暖な気候に加え、低い山に囲まれているため日当たりの良い気候風土が梅栽培に適していました。和歌山県の梅生産量は、なんと全国生産量の約6割を占めます。

その中でも有名なのが「南高梅」。大粒で肉厚、皮が薄く、やわらかな果肉が特徴です。

梅レシピはいろいろありますが、今回紹介するのは、初心者でも作りやすい梅酒。南高梅がお店に並ぶ6月が漬けるチャンスです。

材料（できあがり約1.5ℓ）

青梅……………… 500g
氷砂糖……… 300～400g
ホワイトリカー……900ml

作り方

① 梅は流水で洗い、傷のあるものは取り除く。水気しっかりをふき取り、竹串でなり口（ヘタ）をとる。
② 消毒した瓶に、①の梅と氷砂糖を交互に入れて、ホワイトリカーを注ぐ。氷砂糖が溶ければ飲んでもよい。
＊１年以上おいておくと深みがでる。梅は１年で取り出す。

奈良県

奈良茶飯《ちゃめし》

「奈良茶飯」は、米と炒った大豆をお茶で炊いたもので、奈良の東大寺や興福寺などで僧が食べていたのが始まり。東大寺二月堂の修二会《しゅにえ》（お水取り）の練行衆《れんぎょうしゅう》の食事に茶粥とともに献立の中に記録が残されており、僧坊では古くから食されていました。

縁あって奈良の吉野の山岳修業に2年続けて参加。その際、仏教と密接に結びついた精進料理を食べましたが、この肉や魚を使わずに作る料理から、日本は植物性タンパク質を豆類で摂って栄養源にしてきたことを実感しました。この茶飯も大豆を入れタンパク質を補給し、お茶で風味付けして美味しくするという工夫があります。

今回は、大豆は炒らずに、節分の「炒り大豆」などを使って簡単に作れるレシピを紹介しています。

材料（4人分）

米…………2カップ
炒り大豆………40g
ほうじ茶（茶葉）
…………小さじ2
水…………600ml
塩………小さじ1/2

作り方

① 水600mlを沸かしてほうじ茶を煮出し、冷ましておく。
② 米を洗い炊飯器に入れ、ほうじ茶を内釜の2合目盛りまで入れ、30分ほどおく（余ったお茶はお召し上がりください）。
③ 内釜に大豆と塩を入れ、炊く。

中国地方の郷土料理

中国地方の郷土料理

三方を海に囲まれた山口県ではフグ、広島県では全国有数の生産量を誇る牡蠣など、贅沢な料理が多くあります。

また、瀬戸内海に面した地域では、春の季節にやってくる鯛や鰆《さわら》など、たくさんの魚を活かした料理が作られました。

鳥取県は、砂丘らっきょうの産地としても有名。島根県は、海だけでなく湖や川で獲れる魚介類を使った料理が見られます。

鳥取県

らっきょう漬け

らっきょうは、水が少なくても育ちやすいという特性があり、砂丘のある鳥取の風土に適していました。

らっきょうは水溶性食物繊維が豊富で、野菜の中でもトップクラス。らっきょうの水溶性食物繊維は、フルクタンと呼ばれるもので、食後血糖値の上昇をゆるやかにし、硫化アリルが血中コレステロールの上昇を抑え、カルシウムや鉄といったミネラルの吸収促進、便通の改善が期待できます。

腸活にも役立つらっきょう。毎年漬けているので、我が家の初夏の風物詩です。

材料（500g）

らっきょう········ 500g
【A】
酢················200ml
砂糖·············· 100g
水················100ml
粗塩······大さじ１と1/2
赤唐辛子（種を除く）
···················１本

作り方

① らっきょうは、水洗いして泥を落とし、株がつながっている場合はバラバラにする。
② 芽とひげ根を包丁で切る。
③ ボウルに、らっきょうを入れて水を注ぎ、もみ洗いしながら薄皮をむく。皮をむいたらザルにあげ、水けをよくきる。
④ 消毒した瓶に、らっきょうを入れる。
⑤ Aを鍋に入れて煮立たせたら、粗熱をとり、④に注ぎ入れる。唐辛子を入れ、３週間以上漬ける。保存は冷蔵庫で１年。

いただき

見た目は、いなり寿司のように見えますが、調理法や味わいは全く違うもの！ 1枚の油揚げの中に、生の米と野菜を詰めて、出汁で炊き上げて作るのです。

「いただき」は、鳥取県西部の弓ヶ浜半島の郷土料理。「いただき」の名前の由来は、米が貴重だった時代、ご馳走とされ、「もらう」ではなく「いただく」という感謝の気持ちが、そのまま名になったという説があります。

また、「ののこ飯」とも呼ばれており、白州綿栽培が盛んだった弓ヶ浜半島で、この地域の綿で作った半纏《はんてん》「布子」がなまって名づけられたようです。

鳥取県米子市では、学校給食でも採用し、郷土料理を伝承していこうとしています。

材料（3個分）

米・・・・・・・・・・・・・・・・・・1カップ
油揚げ（大）・・・・・・・・・・・・3枚
ごぼう・・・・・・・・・・・・・・・・15cm
人参・・・・・・・・・・・・・・・・・・・20g
干し椎茸・・・・・・・・・・・・・・・1枚
昆布・・・・1枚（10cm × 10cm）
煮干し・・・・・・・・・・・・・・・・・2匹
【A】
水（干し椎茸のもどし汁）
・・・・・・・・・・・・・・・・・・・・・400ml
醤油・・・・・・・・・・大さじ1と1/2
砂糖・・・・・・・・・・大さじ1と1/2
酒・・・・・・・・・・・・・・・・・・・大さじ1

つま楊枝・・・・・・・・・・・・・・・3本

作り方

① 油揚げはまな板の上にのせ菜箸をコロコロと押し転がし、のばす。短い一辺に切れ目を入れ、指を入れてやぶれないように袋にする。
② ごぼうは皮をこそげとってささがきにして酢水にさらしておく。人参は細切りにする。干し椎茸は水に浸けてもどし、軸は取り除き他は細かく切る。
＊干し椎茸のもどし汁は捨てない。
③ ボウルに米、②の野菜を入れて混ぜ合わせ、油揚げの中に詰め、つま楊枝で口を止める。
④ 油揚げ全体に10か所ほどフォークで穴をあけ、味が染み込みやすくする。
⑤ 炊飯器に昆布と煮干しを敷き、その上に④を口を上にして並べ、Aを加え炊き上げる。
⑥ できあがったら、切って盛る。

島根県

柿なます

島根県は柿の一大産地。中でも県全体で栽培されている、「西条柿」は、縦長の実に4本の溝があるのが特徴です。西条柿は干し柿に適していて、干すことで渋みがなくなり、糖度がさらに凝縮されて美味しくなります。

そんな美味しい干し柿がある島根県では、なますには干し柿を使うのが一般的。柿の甘みとお酢の酸味のハーモニーが味わえる一品です。

材料（2人分）

大根…………… 150g
人参……………… 20g
干し柿……………1個
【塩水】
水……………… 400ml
塩……………… 12g
【A】
酢……………大さじ3
砂糖……大さじ1と1/2
みりん………大さじ1
昆布……… 2cm × 3cm

作り方

① 大根と人参は皮をむき、繊維にそって千切りにする。
② ボウルに塩水を作り①を加え、10 ～ 15 分漬けたら、水けを絞る。
③ A は耐熱容器に入れ、電子レンジ 600w で 30 ～ 40 秒加熱し、冷ましておく。
④ 干し柿は縦 2 等分にし、種を取り除き千切りにする。
⑤ ボウルに②③④を入れて混ぜ、そのまま 15 分～ 20 分漬ける。

岡山県

ままかり寿司

ままかりはニシン科の魚。関東ではサッパと呼ばれています。

意外に食用にする地域は少ないのですが、岡山県では酢漬けや塩焼きにして食べられています。

名前の由来は、この魚の酢漬けがあまりにもおいしく、「飯《まま》」がなくなり、隣の家から「借《か》り」てまで食べたことからだそうです。

「ままかり寿司」は、岡山県南部ではお祝い事やお祭りの際に作るのが習わしになっています。酢漬けにしたままかりを使って作るのでさっぱりした味わい。醤油なしでもおいしくいただけます。

材料（2人分）

寿司飯………………… 180g
ままかりの酢漬け（開き）
…………………… 10匹ほど
わさび…………………… 適量
三つ葉………………… 10本

作り方

① 寿司飯を握り、わさびをつけてままかりをのせて軽く握る。
② 茹でた三つ葉の茎で巻く。

広島では、縄文時代から牡蠣が食べられていたといわれており、現在でも牡蠣の生産量は日本1位。全国の6割をしめるといわれています。牡蠣の養殖場である広島湾では、牡蠣の生育に良い気候の条件が揃っているからでしょう。

いくつもの島と岬に囲まれた広島湾は、養殖いかだを浮かべるのに好都合の波の静けさに加え、牡蠣の生理機能に適した水温変化があること、さらには牡蠣が好む塩分濃度の薄い海水の層ができること、そして太田川などから豊富な栄養分が流れ込み、牡蠣のエサとなる植物性のプランクトンをたくさん生産することなどの理由から濃厚な味の広島牡蠣が生まれます。

牡蠣の土手鍋は、そんな名物の牡蠣で、土鍋のふちに塗った味噌を崩しながら食べるもの。名称は味噌を鍋の内側に土手のように塗ることから由来したようです。

広島県

牡蠣《かき》の土手《どて》鍋《なべ》

材料（２人分）

牡蠣	200g
長ねぎ	１本
大根	5cm
ごぼう	6cm
人参	20g
しめじ	1/2 パック
焼き豆腐	1/2 丁
三つ葉（または春菊・せりなど）	1/2 束
出汁	400ml
【味噌だれ】	
味噌	大さじ２
豆味噌	大さじ２
酒	大さじ１
みりん	大さじ１
おろし生姜	大さじ１/2

作り方

① 牡蠣はザルに入れて塩水の中で振り洗いし、水を替えて汚れやぬめりをとり水けをきる。
② 長ねぎは４㎝に切り、大根と人参は５㎜の半月切り。ごぼうは皮をこそげとって斜め切りにして酢水にさらしておく。しめじは、石づきを取り、ほぐす。焼き豆腐は一口大に切る。三つ葉（または春菊・せりなど）は食べやすい長さに切る。
③ ボウルに味噌だれの材料を入れて練り混ぜる。
④ ③の味噌を鍋のふちから内側に土手のように塗ったら、土手の中に牡蠣とそのほかの具を入れ、出汁を注ぐ。
⑤ 味噌を崩して、煮ながらいただく。
　＊広島名物の土手鍋は、鍋のふちから内側に味噌を塗りつけて煮込む独特の食べ方が特徴。

山口県

瓦《かわら》そば

アツアツの瓦の上にのせて提供され、少し甘めのつゆでいただく瓦そばは、「川棚《かわたな》温泉に名物を」ということから考案されました。そのヒントになったのは、西南戦争のときに、熊本で薩摩兵が、瓦で肉や野菜を焼いて食べたことから。

山口県ではスーパーで瓦そばセットが売られていて、家庭ではホットプレートやフライパンで作るそうです。そして手前味噌のように、自分の家の瓦そばが一番おいしいと思っていると、山口生まれの友人が言っていました。

その友人と山口県へ行き、瓦そばの人気店で食べましたが、やはり「自分が作った瓦そばが一番おいしい」と言っていました（笑）。

上にのっている輪切りレモンともみじおろしは、はじめから入れず、半分ほど食べたらつゆの中に入れるのがおすすめということです。

材料（2人前）

茶そば……… 2袋（160g × 2）
油（1回目）……… 大さじ1/2
牛肉切り落とし………… 150g
油（2回目）………… 大さじ1
【A】
酒………………… 大さじ1
砂糖……………… 大さじ1
醤油……………… 大さじ1
【つけ汁】
めんつゆ（2倍希釈）…… 150ml
水………………………… 150ml
みりん…………………… 大さじ1

錦糸卵………………………… 適量
青ねぎ……………………… 1本分
もみじおろし……………… 適量
レモン輪切り……………… 2枚
刻みのり…………………… 適量

作り方

① 牛肉にAをもみ込んでおく。
② フライパンに大さじ1/2の油をひき熱する。①を汁ごと入れ炒めたら、取り出しておく。
③ つけ汁の調味料を鍋に入れ、火にかけ、アルコール分を飛ばす。
④ 茶そばを袋に書いてある茹で時間よりも1分程度短めに茹でて、ザルにあげ水けをきっておく。
⑤ フライパン（またはホットプレート）に大さじ1の油をひき、茶そばをほぐしながら炒める。全体が温まったら、そのまま焼いて、カリッとしたところを作る。
⑥ ⑤に②の牛肉、錦糸卵、青ねぎ、刻みのりを盛り付ける。仕上げにレモンの輪切りの上にもみじおろしをのせる。
⑦ ③が冷めていれば温める。つけ汁につけて、いただく。

四国地方の郷土料理

●四国地方の郷土料理

四国は、海の幸にも山の幸にも恵まれた地域。暖流の黒潮が流れる
太平洋に面した高知県では、良質な漁場があり、特に鰹が有名です。
温暖な気候の愛媛県では柑橘系の産地としても知られています。
徳島県では山がちな地形が特徴で、稲作にはあまり向かないため、
代わりに蕎麦を栽培してきました。
香川県は讃岐平野が広がり、古くから稲作が行われ、
裏作で小麦も栽培されており、讃岐うどんの発祥地。
小《しょう》豆《ど》島《しま》ではオリーブの栽培などが盛んです。

徳島県

すだち素麺《そうめん》

徳島県といえば「すだち」の原産地として有名。国内生産量の97%を占めています。

そしてもうひとつの徳島名物は、つるぎ町半田地区で作られる「半田素麺」。半田の風土や気候が素麺作りに適していたことから生産が盛んになっていき、今では地区の3割の人が、素麺作りに携わっているそうです。

一般的な素麺よりも少し太めでコシがあり、食べ応えのあるのが特徴。

今回紹介するのは、徳島の名品であるすだちと半田素麺を組み合わせた「すだち素麺」。すだちをたっぷりのせた贅沢な素麺です。

材料（2人分）

すだち…… 40g（約2個）
半田素麺…………2束
【A】
白だし（10倍濃縮タイプ）
………………大さじ4
水………………600ml
めんつゆ……………　少々

作り方

① A は合わせて冷蔵庫で冷やす。すだちは薄切りにする。
② 素麺は茹でて水にさらして 水けをきる。
③ 器に②を盛り、①の汁をかけ、すだちを並べる。

香川県

なす素麺

　小豆島の素麺に、煮たなすと油揚げのコクが加わった美味しい一品。

　香川県の「三豊《みとよ》なす」は、香川県西部で栽培され、一般的ななすの約3倍の大きさで、皮が柔らかい品種。なす素麺には、この三豊なすを使うことが多く、食べ応えもあり、とろけるような食感も汁によく合います。

　冷たくても温かくても美味しく、何より手軽に作れるので、我が家でもよく作ります。

材料（2人分）

なす（中サイズ）…………1個
素麺………………………2束
生姜………………………1片
油揚げ……………………1枚
胡麻油……………………少々
煮干し出汁
…………煮干し 10g・水 400ml
【A】
薄口醤油………大さじ1と1/2
砂糖……………大さじ1と1/2
唐辛子…………………1/2本

万能ねぎ（飾り用）………適宜

作り方

① 煮干し出汁―煮干しの頭と腹ワタを取る。水を入れた鍋に煮干しを入れて、30分以上浸しておく。中火で熱し、沸騰したら弱火にして5～7分ぐらい煮る。
② 鍋にたっぷりの湯を沸かし、素麺を入れてかために茹でてザルにあげておく。
③ なすは縦8等分に切り、斜めに切り目を入れて水につけておく。
④ 油揚げは油抜きをしたら、4等分の三角の形に切る。
⑤ 生姜はすりおろす。唐辛子は種を除き輪切りにする。
⑥ 厚手の鍋に、胡麻油をひいてよく熱し、水けをとったなすを焼く。
⑦ ⑥に④の油揚げを入れ、そこに①の煮干し出汁を含むAを入れて煮る。
⑧ なすが煮えたら、その鍋に素麺を加えて煮る（煮すぎないよう注意）。
⑨ 素麺が温まったら、器に盛り付ける。

愛媛県

みかんご飯と麦味噌の味噌汁

米をみかんの生ジュースで炊く!? みかんの産地ならではの発想に驚いた一品。

愛媛みかんは、全国トップクラスの生産量ですが、収穫したすべてのみかんが出荷できるわけではなく、商品にならないみかんもあります。その出荷できないみかんを使って作ったのが「みかんご飯」のはじまりだそうです。

そして、もう一品は麦味噌。私の麦味噌との出会いは「しまなみ海道」でした。自転車で移動するたびに、直売所に寄り、地元の麦味噌を購入しました。塩味が少なくさっぱりした麦味噌は、いつも食べている米味噌とは違い、新鮮な味わいでした。中でも宇和島市の「井伊商店」の麦味噌が気に入り、それから今でも、井伊さんと交流させていただいています。

【井伊商店】
ホームページ
https://iimiso.com/

材料（２人分）
（みかんご飯）

米・・・・・・・・　１カップ
鶏もも肉　50g
ごぼう・・・・・・・・・・15g
人参・・・・・・・・・・・・20g
【A】
みかんジュース
・・・・・・・・・・・・　180ml
めんつゆ
（2倍希釈）
・・・・・・・・・・・　小さじ２

作り方

① 米は洗いザルにあげ、炊飯器の内釜に入れたら、Ａを入れ１合の目盛りまで水を注ぎ、30分浸しておく。
② 鶏もも肉は食べやすい大きさに切る。ごぼうはささがきにする。人参は千切りにする。
③ ①に②を入れて炊く。

材料（２人分）
（麦味噌の味噌汁）

麦味噌
・・・・　大さじ２～３
煮干し・・・・・・・・10g
水・・・・・・・・　400ml
油揚げ・・・・・・・・　6g
木綿豆腐・・・・・・20g
長ねぎ・・・・・・　3cm

作り方

① 油揚げは食べやすい大きさに切る。豆腐はさいの目切りにする。長ねぎは小口切りにする。
② 煮干しの頭と腹ワタを取る。水を入れた鍋に煮干しを入れて、30分以上浸しておく。中火で熱し、沸騰したら弱火にして５～７分ぐらい煮る。
③ ②に①の具材を入れて煮る。具材に火が通ったら麦味噌を溶いて入れる。最後に長ねぎを入れる。

高知県

初鰹の胡麻味噌丼

鰹は1988年に「高知県の魚」として指定されている魚。

鰹には旬が二度あり、初鰹は3〜5月が旬で、さっぱりとした味。戻り鰹は、9〜11月が旬で、脂が乗っています。

また部位によっても味は違います。背側は脂が少なくアッサリとしていて旨味をしっかりと感じられる部位。腹側は脂が多く身がやわらかいのが特徴です。

そんな鰹に、胡麻味噌だれをからめたどんぶりを紹介します。

材料（2人分）

鰹……………1さく(150g)
みょうが……………… 2本
大葉…………………… 6枚
白いり胡麻………… 小さじ2
刻みのり……………… 適宜
ご飯………………… 360g
【A】
醤油……………… 小さじ1
酒………………… 小さじ1
【胡麻味噌】
味噌……………… 大さじ1
みりん…………… 大さじ1
白練り胡麻……… 小さじ1
生姜のみじん切り…… 1/2片分

作り方

① 鰹は、食べやすい大きさにそぎ切りしたら、Aに漬けておく。
② みょうがと大葉は千切りにする。
③ ボウルに、胡麻味噌の材料をすべて入れて混ぜて、①の鰹を加え和える。
④ 器にご飯を入れ、その上に刻みのりをちらしたら、③の鰹をのせる。トッピングに②のみょうがと大葉をのせ、白いり胡麻を指先でひねりながらちらす。

田舎寿司

材料（2人分）

【寿司飯（作りやすい分量）】
ごはん……………… 150g
【A】
柚子果汁……………… 60ml
砂糖……………… 大さじ 2
塩……………… 小さじ 1/2

白いり胡麻……… 大さじ 1/2
柚子の皮のみじん切り
…………………… 1/2 個分

みょうが……………… 2 本

【甘酢】
酢……………… 大さじ 3
砂糖……………… 大さじ 2
塩……………………少々

椎茸……………………2 枚
水煮たけのこ…………… 30g
こんにゃく…………… 80g

【B】
出汁………………… 300ml
醤油……………… 大さじ 2
酒……………… 大さじ 1
みりん……………… 大さじ 1
塩……………………少々
【トッピング】
白いり胡麻……………少々
山椒の葉…………2 ～ 3 枚
生姜のすりおろし………少々

「田舎寿司」は、新鮮な海産物が入手できなかった高知県の山間部で、県内で採れる野菜を寿司飯の上にのせた、精進寿司です。

土佐弁で宴会を「おきゃく」と言いますが、この寿司は大皿に盛られ、おきゃく料理の定番である「皿鉢《さわち》料理」の一品として食べられてきました。

寿司酢には、この地域の特産物である柚子などの柑橘を使い、さわやかな酸味のきいた酢飯が上品な味わいです。

作り方

① ボウルに A を入れ砂糖が溶けるまでよく混ぜる。
② 炊いたご飯に①を少しずつ入れながらうちわであおぐ。そこに柚子の皮のみじん切り、白いり胡麻を加えて、混ぜる。
③ みょうがの甘酢の調味料をボウルに入れ、砂糖が溶けるまでよく混ぜる。みょうがは、色の濃い外側の 3 ～ 4 枚をていねいにはがしたら甘酢に漬けておく。
④ 椎茸は、軸を取って、表面に切り目を入れる。たけのこは、穂先を食べやすい大きさに切る。こんにゃくは、食べやすい大きさに切ったらさっと茹でて表面に切り目を入れる。
⑤ 鍋に B を入れ、椎茸、たけのこ、こんにゃくを煮る。ネタにしてのせるときは水分をとる。
⑥ ご飯を握り、その上に⑤のそれぞれの具をのせたら、押さえるように軽く握り、トッピングをのせる。

九州地方・沖縄の郷土料理

九州地方・沖縄の郷土料理

古くから出島として栄えた長崎市や貿易都市だった福岡市などは、
外国の影響を受けた料理や食材が多数あります。
軍馬がいた熊本県では馬刺しが食べられていたり、
暑い気候の宮崎県では、さっぱりと食べられる冷や汁など、
その地域ならではの郷土料理が生まれました。
台風や日照りが多い沖縄では、サツマイモなどの
天候に左右されにくい農作物が作られてきました。
また、琉球王朝の宮廷料理などの独自の食文化を育み、
沖縄の方言から名付けられた料理も数多くあります。

福岡県

がめ煮

「がめ煮」という名前は、博多の方言「がめくり込む」（寄せ集めるの意味）から、または豊臣秀吉が朝鮮出兵をした時、博多に野営をしていた兵士が「泥亀（どろがめ）」（どぶがめとも）と呼ばれるスッポンと野菜と煮込んだ「亀煮」が由来とも言われています。

福岡以外の地域では「筑前煮」と呼びますが、がめ煮と筑前煮には若干違いがあります。例えば「がめ煮」は骨付きの鶏肉を使いますが、「筑前煮」は骨付きは使いません。

福岡出身の友人の美幸さんは、よくがめ煮を作るそうで、「がめ煮は甘い九州の醤油で作ると美味しい」と言っており、家には九州のお醤油が常備されていました。

今回のレシピは、醤油は九州のものではない、濃い口醤油を使用しています。

材料（5人分）

鶏もも肉（骨付き）････　350g
里芋････････････････大5個
人参････････････････中1本
れんこん･･････････1節（200g）
ごぼう･･････････････････1本
たけのこ･･････････････　150g
こんにゃく････････1枚（200g）
干し椎茸････････････････5個
きぬさや････････････････3枚
生姜････････････････････1片
【A】
椎茸のもどし汁
･･････････････1と1/2カップ
砂糖･･････････････････大さじ3
酒････････････････････大さじ3
醤油･･････････････････大さじ3
みりん････････････････大さじ3

塩･････････････････小さじ1/2
サラダ油･････････････････少々

作り方

① 鶏肉は一口大に切る。里芋、人参、れんこん、ごぼうは皮をむき食べやすい大きさに切る。たけのことこんにゃくも一口大に切る。
② 干し椎茸は水400mlでもどす。やわらかくなったら軸をとり、食べやすい大きさに切る。きぬさやは筋を取りさっとゆがく。生姜は千切りにする。
③ 深めの鍋に油をひき、鶏肉を炒めたら、次に①の野菜を加えて炒める。
④ ③に椎茸のもどし汁を入れ、砂糖を加えて煮る。
⑤ 次に、酒とみりんを加えて、落とし蓋をしてアクを取りながら、材料に火が通るまでしばらく煮る。
⑥ ⑤に醤油を加えて煮る。味が足りなければ塩を足してととのえる。火を止めて味が染み込むまでしばらくおく。
＊一晩おいたほうが味がなじんで美味しくなる。
⑦ 器に盛り付け、千切り生姜ときぬさやを飾る。

柚子胡椒

「柚子胡椒」と呼ばれているけれど、一般的な胡椒は使われていません。唐辛子が使われています。なぜなら九州地方では唐辛子のことを胡椒と呼ぶからです。柚子も青柚子を使って作りますから、できあがりは緑色です。

当時、女子大生だった友人が企画した「柚子胡椒講座」で作ってから、自家製柚子胡椒の美味しさにはまって作り続けています。

材料（約 80g）

青柚子……………… 5 ～ 6 個
（皮 35g ぐらい）
青唐辛子………………… 35g
（10 ～ 12 本ぐらい）
塩……………… 11 ～ 14g
（青柚子皮と青唐辛子の種を取った重量の 17 ～ 20%）
柚子の絞り汁………… 1/2 個分

＊黄色の柚子でも作ることができます。

作り方

① 柚子を水洗いして水分をふき取る。柚子の皮を包丁で白い部分を入れないように薄くそぎ、粗めのみじん切りにする。柚子の果汁も絞る。
＊柚子胡椒に入れる以外も絞ってポン酢にするとよい。

② 青唐辛子は水洗いして水分をふき取る。ヘタを切り落とし縦半分に割ったら小さいスプーンで種を取り除く。粗めのみじん切りにする。
＊刺激が強いので調理用手袋をするとよい。

③ みじん切りにした①と②の重量をはかり、その 17 ～ 20%の塩、柚子の皮、柚子果汁、青唐辛子を入れてフードプロセッサーで、滑らかになるまで細かくする。

④ 消毒した保存瓶に入れて冷蔵庫で 1 週間ねかす。

佐賀県

ゆきのつゆ

佐賀県といえば有名な焼きもの「有田焼」があります。

佐賀県西部（有田町、伊万里市）で17世紀に日本で初めて作られた磁器で、透き通るような白い磁肌と呉須《ごす》（藍色の顔料）で描いた染付け、ガラス質の上絵具（赤、緑、黄、紫、青）を用いた華やかな赤絵が特徴の焼き物です。

そんな有田焼の窯元《かまもと》の窯焚《た》きの際、夜食として食べられていた「ゆきのつゆ」。お味噌汁におろした大根と焼いた丸餅、油揚げを入れた有田の郷土料理です。

寒い冬でも体が温まり、腹もちがよい汁物として重宝されていました。現在は、大晦日の深夜に陶山《すえやま》神社で行われる「有田碗灯」で初詣客にふるまわれています。

材料（2人分）

大根おろし	100g
出汁	300ml
油揚げ	1/3 枚
麦味噌	大さじ 2
丸餅（小）	4 個
小松菜	1 株

作り方

❶ 大根をおろす。油揚げは粗みじん切りにする。
❷ 鍋に出汁と油揚げを入れて、ひと煮立ちしたら味噌を入れる。
❸ ②に①の大根おろしを入れ、ひと煮立ちしたら火を止める。
❹ 水にくぐらせた丸餅を皿にのせ、ラップしないで電子レンジ 600w で 30 秒加熱したあと、トースターで膨らむまで焼く。
❺ 小松菜を茹でて 4cm に切る。
❻ ④を器に入れ③をかけ、⑤を飾る。

大分県

鶏天

　大分県では、様々な鶏肉料理が食べられていますが、唐揚げと並んで、天ぷら粉で揚げた「鶏天」も人気です。鶏肉が高価な食材だった時代、厚い衣の「鶏天」は、かさ増しになり、たっぷり食べた気になったということです。

　天ぷら粉で揚げた後、練りからしを添えた酢醤油で食べるのが定番の食べ方です。唐揚げとはまた違った美味しさがある鶏天にはまる人も多いのですが、私もそのひとりです。

材料（2人分）

鶏もも肉…………… 200g
醤油…………… 大さじ 1/2
おろしにんにく…… 1/2 片分
砂糖…………… 小さじ 1/2
【衣】
薄力粉…………… 25g
卵…………… 1/4 個
水…………… 適宜

揚げ油…………… 適宜
かぼす…………… 適量

作り方

① 鶏肉を一口大に切る。
② 保存袋に鶏肉とおろしにんにくを入れ、手でもむ。醤油と砂糖を加え、さらにもみ込む。
③ ボウルに衣の材料を入れ、箸でさっくりとかき混ぜる。
④ ③に②の鶏肉を入れて衣をつけ、175 ～ 180°Cの油で揚げる。
⑤ 皿に盛り、かぼすを添える。

宮崎県

冷や汁

日本には昔から、夏の暑さを乗り切るため、栄養価の高い食べ物や体温を下げる食べ物を摂り、疲れた体を元気づけようとする料理があります。宮崎の冷や汁もそのひとつ。忙しい農家さんが簡単に昼食を摂れることから根づいた農民食です。

暑く湿気の多い宮崎県の気候風土の中で根づいていった「冷や汁」は、食欲が落ちる暑い夏でも栄養がたっぷり摂れるよう工夫された料理なのです。

すりつぶした魚や焼き味噌、豆腐、きゅうりや青じそなどの薬味を入れて、冷めた麦飯にぶっかけて味わうのが定番スタイルですが、今回は白いご飯に、魚を使わず「いりこ（煮干し）」をすって味噌に入れたレシピを紹介しています。

いりこの風味と香ばしさが口いっぱいに広がり、きゅうりやみょうが、大葉のおかげで爽快感があり、〝冷たい味噌汁〟とはまったく別もの！　食欲の落ちる夏におすすめです。

材料（3～4人分）

煮干し…………… 25g
白いり胡麻…… 大さじ2
ピーナッツ……… 25g
麦味噌……… 50～55g
湯……………… 400ml
豆腐…………… 1/4丁
きゅうり……… 1/2本
大葉……………… 4枚
みょうが………… 2本
生姜…………… 1片分
白髪ねぎ……… 1/3本分
ご飯……………… 3杯

作り方

① 煮干しの頭と腹ワタを取り、フライパンで炒る。胡麻とピーナツも加えて炒る。
② フードプロセッサーに①を入れ、細かくする。
③ ②に麦味噌を加え混ぜる。そこに人肌くらいに冷ましたお湯を入れ麦味噌を溶き、冷蔵庫に入れて冷やしておく。
＊味噌汁より濃いめの味にする。
④ きゅうりはスライサーで輪切りにする。大葉、みょうが、生姜は千切りにする。豆腐は食べやすい大きさに切る。切った具のみょうがと大葉以外を③に入れて混ぜる。
⑤ 器にご飯を盛り、④をかけて、みょうがと大葉、白髪ねぎをのせる。

熊本県

桜肉のカルパッチョ

熊本県は、日本一の馬肉生産量と消費量を誇る馬肉王国です。2位の福島県、3位の青森県を大きく引きはなしています。

なぜ熊本県と馬肉が強く結びついたのか……初代熊本藩主の加藤清正《きよまさ》が朝鮮出兵した折、食料不足となって仕方なく食べた軍馬が美味しかったので、帰国後も馬肉を好んだからという話もあります。実際は、戦前、軍馬の産地だった阿蘇地方で、戦後の食糧難で、馬肉を食べたことも関係しているようです。

熊本県に料理指導に行ったときに、馬刺しをいただきました。薄く切った生の馬肉を薄切りのたまねぎやおろし生姜、にんにくと一緒に、とろりとした甘口の醤油をつけて食べたことを思い出します。刺身までも甘口の醤油で食べるということにびっくりでした。ちなみに福島県会津地方では、赤身の馬肉に「辛味噌」をつけて食べるそうです。

企画室長をしていたイタリアンレストランで、馬刺しを桜肉のカルパッチョとして提供していましたので、今回もカルパッチョのレシピを紹介します。

材料（4人分）

馬肉…………… 200g
玉ねぎ…………1/3個
大葉……………5枚
にんにく…………2片
レモンスライス……2枚

作り方

① 新鮮な馬肉を繊維の方向に対し垂直に、繊維を切るように2～3mmの厚さに切る。
② 玉ねぎをスライサーで切り、水にさらして5分おいたらザルにあげ水けをきる。
③ 大葉は千切りにする。にんにくの薄皮をむき薄切りにする。
④ ①を皿に並べ、その上に②と③をのせたら、周りににんにくの薄切りを並べ、スライスレモンを添える。

鹿児島県

つけあげ

「つけあげ」は魚のすり身と野菜などを混ぜたものに調味料を加えて油で揚げた料理。関東では「さつまあげ」、関西では「てんぷら」、名古屋では「はんぺん」、沖縄では「チキアゲ」などと呼ばれています。

鹿児島県のつけあげは、沖縄のチキアゲが伝わり、それが訛ってつけあげになったという話もあります。

つけあげは、砂糖を入れて甘口に仕上げているのも特徴。甘めなのでおやつとしても人気です。

今回のレシピは、鹿児島県出身の内田さんに紹介していただいたもの。内田さんは「死ぬ前に食べたい料理のひとつ」と言っていました。郷土料理は心に響く料理、まさにソウルフードですね。

材料（8個分）

鯵すり身…………　200g
（鰯なども可）
木綿豆腐…………　200g
卵……………………1個
砂糖……………大さじ1
片栗粉…………大さじ2
塩……………小さじ1/2
醤油…………………少々
揚げ油………………適量

作り方

① 魚は3枚におろし、小骨や皮を除く。
② 豆腐はキッチンペーパーに包み、耐熱ボウルに入れ、ラップをせずに、電子レンジ600wで1分ほど加熱する。キッチンペーパーを取り、水けをきって粗熱をとる。
③ フードプロセッサーに①と②、卵、砂糖、塩、醤油、片栗粉を加えてペースト状にする。
④ ③を8等分して、小判型に形作る。
⑤ 170～180℃の油で揚げる。

長崎県

皿うどん

「皿うどん」は、パリパリに揚げた細麺にとろみのついた具沢山の「餡」をかけて食べる料理。中国の影響を受けた長崎が生み出した日中混合の味です。日本の鎖国時代に、唯一の開港地として外来の文化を受け入れてきた長崎は、料理も独自の文化を育ててきたのでしょう。

皿うどんは、「ちゃんぽん」を考案した、中華料理店『四《し》海《かい》樓《ろう》』の店主、陳《ちん》平《へい》順《じゅん》が汁なしのちゃんぽんとして作ったものといわれています。その際、麺が椀などの深い器に入っておらず、皿で提供されたことから、「皿うどん」と名付けられたそうです。

材料（2人分）

豚肉……………………… 100g
人参……………………… 1/4本
キャベツ………………… 4枚
かまぼこ………………… 30g
もやし…………………… 1/2袋
生椎茸…………………… 2枚
むきエビ………………… 100g
イカ……………………… 100g
市販の長崎皿うどんの揚げ麺
……………………………… 2袋
塩………………………… 少々
胡椒……………………… 少々
サラダ油………………… 適量
【A】
醤油……………………… 小さじ2
鶏ガラスープの素……… 小さじ2
水………………………… 400ml

水溶き片栗粉
…… 片栗粉大さじ1・水大さじ2

作り方

① キャベツはざく切り、人参は短冊切り、椎茸は細切り、かまぼこも短冊切り。もやしは洗ってザルにあげておく。豚肉は、食べやすい大きさに切って塩、胡椒をふる。エビは背ワタを取る。イカは食べやすい大きさに切る。
② フライパンにサラダ油をひき中火で熱し、豚肉を炒める。色が変わったら、人参、キャベツ、エビ、イカを加えてさらに2～3分炒める。そのあと、かまぼこ、もやし、椎茸を加えて、さらに炒める。
③ Aを混ぜ合わせたら、②に加えて煮立たせ、野菜や肉を煮る。
④ 具に火が通ったら火を止め、水溶き片栗粉を加える。全体をかき混ぜたら火をつけてとろみをつける。
⑤ 塩、胡椒で味をととのえたら、皿に盛った麺の上にかける。

沖縄県

サーターアンダギー

小麦粉を卵、砂糖と合わせてこねて油で揚げた沖縄風のドーナツ「サーターアンダギー」は、沖縄の方言で、サーター＝砂糖、油＝アンダ、揚げる＝アギーで、「砂糖入り揚げ菓子」という意味。

サーターアンダギーは、揚げることで生地の片側が割れ、チューリップの花が咲いたような形になり、中国菓子の「開口《かいこう》笑《しょう》」や「開口球《かいこうきゅう》」と似ています。

西表島で幻の花サガリバナを見るために朝4時半に出発し、カヤックで8キロ漕いだ後、案内人のケイスケさんが、豆を挽いてコーヒーをいれてくれました。その時一緒に食べたサーターアンダギーは、美味しかったなぁ。

材料（10〜12個分）

薄力粉………… 150g
卵………………1個
黒糖（砂糖）……… 80g
ベーキングパウダー
…………小さじ1
サラダ油………小さじ1
揚げ油………… 適量

作り方

① ボウルに卵を割り入れて溶き、次に砂糖を入れてよく混ぜたら、サラダ油を入れる。
② ①にふるった薄力粉とベーキングパウダーを入れて、さっくりと混ぜる。
③ 生地をピンポン玉くらいになるよう2つのスプーンで形作り、160°C前後の低めの温度の油でゆっくりと揚げる。初めは沈んでいるが、ゆっくりと浮き上がり回りながら膨らみ、一か所が割れて開いてくる。
④ 竹串を刺して何もついてこなければ。油から取り出し、キッチンペーパーなどにのせて油をきる。

ゴーヤチャンプルー

「チャンプルー」とは沖縄の方言で「ごちゃまぜ」という意味で、島豆腐と季節野菜を炒めたもの。マレー語やインドネシア語の「チャンプール（混ぜる）」が由来といわれています。

　なかでもゴーヤを使った「ゴーヤチャンプルー」が有名ですね。苦味のあるゴーヤを島豆腐や卵と炒めることで食べやすくして、毎日食べても飽きないおいしさになっています。沖縄に住む友人によると、「チャンプルー」には豆腐が必須だとか。沖縄の豆腐はかたいので、水っぽくなりませんが、他の豆腐で作る場合は、しっかり水切りをすること。

　石垣島のスーパーで、できたてアツアツの島豆腐を食べましたが、豆の味がしっかり残っていて、忘れられない美味しさでした。

材料（2人前）

ゴーヤ……………………1本
塩（塩揉み用）…… 小さじ1
お湯（ゆで用）……… 500ml
木綿豆腐　…… 200g(1丁)
豚バラ肉薄切り……　100g
溶き卵………………… 2個
めんつゆ（2倍希釈）
……………………計大さじ2
胡麻油
………大さじ1＋大さじ1/2
【トッピング】
鰹節……………………適量

作り方

① ゴーヤはヘタを切り、縦半分に切ったらワタをスプーンで取り除き、3～4mm幅に切る。
② ボウルで①のゴーヤと塩を入れてもみ込み5分ほどおく。お湯を沸かした鍋に入れて、再び沸騰したら30秒ほど茹で、ザルにあげてお湯をきる。
③ 豆腐はキッチンペーパーに包み、耐熱ボウルに入れ、ラップをせずに電子レンジ600wで1分30秒ほど加熱する。キッチンペーパーを取って冷ます。冷めたら一口大に手でちぎる。
＊しっかり水切りをしておくことがポイントです。
④ 豚バラ肉は5cm幅に切ったら、めんつゆ大さじ1をもみ込んでおく。卵はボウルに割って溶いておく。
⑤ 中火で熱したフライパンに胡麻油を大さじ1をひき、熱したら卵を入れて炒り卵を作る。卵は取り出しておく。
⑥ フライパンに胡麻油を大さじ1/2足し、④の肉を入れて火が通るまで炒める。
⑦ ②のゴーヤを加えて全体に油がなじむまで炒める。
⑧ 最後に③の豆腐を入れたら、味をみてめんつゆ大さじ1/2～大さじ1を加え、全体になじむように混ぜる。
⑨ ⑧に取り出しておいた溶き卵を入れてまぜ合わせる。
⑩ お皿に盛り付け、上に鰹節をちらす。

【著者】大瀬由生子（おおせ ゆうこ）

料理研究家。一般社団法人日本糀文化協会代表理事。まちの健康研究所健康アドバイザー。水産庁水産政策審議委員歴任。
発酵・食育・野菜を中心に、「体と心が喜ぶこと」をテーマに、行政・企業・カルチャーセンターなどの講演・料理講師のほか、レストラン・企業の商品開発・イベントなどでも活躍。また、一般社団法人日本糀文化協会代表理事として、日本の発酵食品である糀文化を、日本及び世界に普及・啓発活動を行っている。海外（イタリア・フランス・台湾など）でも発酵講座を開催し好評を得た。幼稚園や小学校に出向き、味噌作り、親子クッキング、講演や、発達障害者の料理講座など、食育活動にも積極的に取り組む。著書は40冊以上、アジア（台湾・韓国）での翻訳もあり。NHK「あさイチ」などのテレビにも出演。

【主な著書】

『食べることは生きること』『日本の行事と行事ごはん』（以上、カナリアコミュニケーションズ）、『ミラクルたのしい！　はじめてのお料理レッスン』（西東社）、『学校で作れる！　安心・安全 クッキング（全6巻）』（ポプラ社）、『簡単・おいしいおかずで作る　ひとり弁当』『離れた家族に届けたい作りおきごはん』『食べる米ぬか健康法』（以上、辰巳出版）、『発酵パワーで元気になる　みそレシピ』『季節の手しごと 保存食』（以上、春陽堂書店）、他多数

＊本書の内容に関するお問い合わせは、お手紙かメール（jitsuyou@kawade.co.jp）にて承ります。恐縮ですが、お電話でのお問い合わせはご遠慮くださいますようお願いいたします。

日本の郷土料理帖
47都道府県の伝えたい味

2024年4月20日初版印刷
2024年4月30日初版発行

著　者　大瀬由生子
発行者　小野寺優
発行所　株式会社河出書房新社
〒151-0051　東京都渋谷区千駄ヶ谷2-32-2
電話 03-3404-1201（営業）
03-3404-8611（編集）
https://www.kawade.co.jp/
印刷・製本　図書印刷株式会社

Printed in Japan
ISBN978-4-309-29392-9

編集　オフィスふたつぎ
スタンダードスタジオ
デザイン・DTP　白熊図案室
写真撮影　ヒゲ企画
シロクマフォート
調理アシスタント　園下愛美　半場裕美
プロフィール写真　イワモトアキト
執筆協力　小坂文人（食文化研究家）